PRE TEXTOS

14

DONATELLA DI CESARE

Pre textos 14

Donatella Di Cesare
Marranos – O outro do outro
Marrani – l'altro dell'altro

© Giulio Einaudi editore s.p.a., Torino, 2018
© Editora Âyiné, 2021
Todos os direitos reservados

Tradução
Cezar Tridapalli
Preparação
Valentina Cantori
Revisão
Juliana Amato
Luis Eduardo Campagnoli
Projeto gráfico
Luísa Rabello

Capa
Diambra Mariani
Série *The Last Summer*, Fumane, 2016

ISBN 978-85-92649-84-5

Editora Âyiné
Belo Horizonte, Veneza

Direção editorial
Pedro Fonseca
Assistência editorial
Luísa Rabello
Produção editorial
Ana Carolina Romero, Rita Davis
Conselho editorial
Simone Cristoforetti, Zuane Fabbris, Lucas Mendes

Praça Carlos Chagas, 49 – 2º andar
30170-140 Belo Horizonte – MG
+55 31 3291-4164
www.ayine.com.br
info@ayine.com.br

14

DONATELLA DI CESARE

Marranos
O outro do outro

Âyiné

SUMÁRIO

Os últimos judeus. Para começar	11
Anarquiváveis	15
Heróis românticos ou vis desertores?	19
Ester e uma outra soberania	27
Convertam-se e fujam!	37
Quando tudo começou	41
Entre silêncio e nostalgia	45
«Novos cristãos»	49
O outro do outro	53
Uma duplicidade existencial	57
A descoberta do eu	63
A água e o sangue. De Toledo a Nuremberg	67
O grande expurgo	75
Fuga e recolhimento	79
A teologia dos marranos	83
Teresa D'Ávila e o castelo interior	97
«Válete por ti!»	105
Um insulto e a sua rocambolesca história	111
O arquipélago planetário e a Nação anárquica	117
Os «novos judeus». Entre Livorno e Amsterdã	127
Centelhas messiânicas	133
Spinoza, a democracia, a liberdade do segredo	137

O laboratório político da modernidade	143
O marranismo no Terceiro Reich	149
Contra-história dos vencidos e revanche dos marranos	155
«O marrano é um espectro que amo»	159
O segredo da memória – a memória do segredo	165
Para saber mais	173
Nota do tradutor	179

Marranos

*Ester havia mantido segredo sobre seu povo
e sobre a origem de sua família.*
Ester 2:20

*... nada do que um dia aconteceu pode ser considerado
perdido para a história.*[1]
Walter Benjamin

*Houve um esforço recente para dizer que a questão do
marranismo estava morta. Eu não acho. Ainda há os filhos
e as filhas que, sem saber, encarnam e transmigram através
dos fantasmas de seus antepassados.*
Jacques Derrida

---

[1] Walter Benjamin, *Magia e técnica, arte e política. Ensaios sobre literatura e história da cultura – Volume 1. Série Obras Escolhidas*. Tradução de Sérgio Paulo Rouanet, 7ª edição. São Paulo: Brasiliense, 2012. [N. T.]

Os últimos judeus
Para começar

Quando se fala de marranos, em uma acepção histórica, está se falando daqueles judeus que foram obrigados, na Península Ibérica e nos domínios espanhóis, a se converter ao cristianismo para fugir do exílio ou da morte. Resultado da violência política e da intolerância religiosa, cujo símbolo hiperbólico é a Inquisição, o marranismo provoca a dilaceração da identidade, tragicamente cindida entre dois pertencimentos inconciliáveis: um exterior e oficial, outro íntimo e escondido. Aqueles que, uma vez batizados, são chamados de «cristãos-novos», ficam separados dos «velhos cristãos», que suspeitam de que os marranos judaízem secretamente. E não há auto de fé que dê jeito. As suspeitas em relação aos marranos, que ainda por cima mostram-se estranhos e inassimiláveis, estendem-se até serem promulgadas as primeiras leis racistas da idade moderna: o sangue se torna o critério para proteger uma suposta pureza. Fecham-se assim as portas da fraternidade universal.

Perseguidos, torturados, caçados, os marranos são empurrados de volta para uma cripta que afeta suas vidas, mina sua condição. Ficam assim encurralados em um espaço híbrido, banidos em uma terra de ninguém onde, acusados de serem infiéis, traiçoeiros e de jurarem em falso, mantêm ao longo dos séculos o seu segredo inacessível. Mas essa fidelidade imemorial tem resultados paradoxais. O criptojudaísmo, conservado à base de muito cuidado, acaba por não ter quase mais nada da antiga fé. Longe dos outros judeus, com os quais as relações se esgarçam ou desaparecem, os marranos elaboram uma religião e uma forma de vida que, assim como a sua identidade, apoiam-se instavelmente sobre a ambivalência e o dissenso. Para quem olha de fora, não fica claro se são cristãos heréticos ou judeus disfarçados. Uma fervorosa espera messiânica, no entanto, sustentada pela recordação do que há de vir, ilumina a noite escura do seu exílio. Isolados, excluídos, segregados, insistem no segredo, convencidos de serem os últimos judeus sobre a terra.

Nos lugares mais distantes e recônditos da opressão, eles permanecem por muito tempo na clandestinidade e, como aconteceu em alguns casos marcantes, reemergem somente no século XX. Muitos outros retornam bem antes ao judaísmo, reagrupando-se em comunidades antigas ou fundando novas. O efeito é desconcertante. Os marranos trazem consigo a semente da dúvida, o fermento da oposição. Dissidentes por necessidade, dão início a um pensamento radical. Extremos e excêntricos, por terem vivido tanto tempo no limite, na fronteira, contribuem para o surgimento de movimentos messiânicos que desestabilizam a religião institucional. Seu retorno marca na tradição uma ruptura profunda e insanável a partir da qual nasce a modernidade judaica.

Uma vez expostos, aqueles que se consideravam os últimos judeus revelam-se os primeiros modernos. O eu dividido, a impossibilidade de um pertencimento pleno, a estranheza constitutiva são o legado indelével dos marranos. Com eles implode e se despedaça o mito da identidade.

Por isso, é preciso ir além da estrita acepção histórica para indagar um fenômeno que ainda não se esgotou, assim como não terminou a modernidade. Ainda mais que, recusando-se a divulgar o seu segredo, os marranos tornaram invisível a sua história e irrealizável toda e qualquer historiografia. O que resta então dos marranos fora do arquivo da memória?

Refletir sem condenar, mas também sem fazer apologia, sobre o marranismo, em seu sentido complexo e articulado, percorrendo outra vez suas trilhas singulares, significa sondar profundamente a modernidade.

Anarquiváveis

A história deles não acabou. Impor o selo do fim seria mais uma violência – como decretar o seu desaparecimento irrevogável. Nos últimos anos, multiplicaram-se os casos daqueles que, por vezes em circunstâncias dramáticas, encontraram vestígios escondidos de um passado ignoto, intuíram, adivinharam, graças a algum frágil indício, permitiram que reflorescessem memórias dilaceradas que estavam se esvaindo: a carta de um parente distante, uma confissão murmurada na iminência da morte, uma foto encontrada por acaso, um objeto que desponta em uma gaveta, o reevocar de um ritual antigo e de um gesto singular, sobretudo de um nome, o de família, que guarda consigo, impenetrável e contudo eloquente, as vicissitudes de gerações inteiras. Os marranos de ontem e de hoje voltam à tona.

Espalhados por toda a parte, do sudoeste dos Estados Unidos ao nordeste do Brasil, de Portugal até a Itália, apelando para aquela prática de resistência e de memória que, para além de todo o apagamento traumático, permitiu que sobrevivessem, pedem para que não sejam arquivados. Pedem isso devido à responsabilidade para com o segredo que carregam na memória.

Anarquiváveis por vocação, depois de terem confrontado o esquecimento, contestam a fundo a *arché*, o princípio do arquivo, a ordem do arquivamento, subtraem-se anarquicamente ao passado remoto da antiguidade para reivindicar um futuro anterior. É o futuro que seria confiado a uma contra-história daqueles esquecidos pela história, já quase vencidos, porque forçados a buscar refúgio na clandestinidade. Como recuperar o seu testemunho, como fazê-los reemergir da cripta, como resgatar seu nome?

As perguntas acumulam-se e, em sua condição paradoxal, revelam a figura fascinante e enigmática do marrano, que escapa engenhosamente de qualquer tentativa de captura. O que irrita mais do que um historiador, bastante inclinado a resolver a questão definindo o marrano, forçando-o a declarar, de uma vez por todas, a sua identidade, confinando-o em um capítulo fechado? Agora chega de marranos! E daqueles que pretendem prolongar demais a sua presença.

Nos últimos anos, porém, o marranismo saiu dos domínios da história oficial – os marranos, sabemos, são calejados em relação às fronteiras –, suscitando enorme interesse entre filósofos e antropólogos, romancistas e psicanalistas. Foi justamente um historiador, Jacques Revel, quem levantou a questão sobre os diversos modos de ser marrano que, se por um lado alargam a sua semântica horizontal, por outro marcam a verticalidade cronológica e, no final das contas, a sua permanência. Existe uma «condição marrana»? Que marcas a caracterizam?

Mais do que figura terminal, o marrano deve ser visto como figura inicial que, para além de uma nova era da história judaica, dá origem à modernidade. Porém, não a uma modernidade ajustada e harmoniosa, mas atravessada por uma irremediável dissonância. Vem daí a tradição de uma longa revolta que não foi concluída.

Eis o motivo pelo qual na figura inquietante e espectral do marrano pode-se ver aquilo que Giorgio

Agamben chamou de «paradigma exemplar». Como o *homo sacer* ou *Muselmann*, também o marrano, ainda que inscrito na história, excede os limites dela e torna compreensível, com a sua exemplaridade, fenômenos atuais, jogando luz sobre os nexos, laços de parentesco, que poderiam cair no esquecimento.

Heróis românticos ou vis desertores?

Talvez não haja uma figura que tenha dado origem a interpretações tão diversas. Os marranos, com o seu destino tão singular e a sua insólita duplicidade, sempre criaram divisões, provocando opiniões contrárias. Mesmo o lugar deles não é totalmente claro. Pertencem à história espanhola, à portuguesa? Ou à história italiana, à holandesa? No fundo, porém, foram os primeiros cosmopolitas. O que dizer então da história judaica? Os marranos não deveriam ser, ao menos em parte, protagonistas dela?

Nos antigos guetos, onde consumiam a existência no estudo, no temor, na expectativa, os judeus orientais mantinham uma vaga e insistente recordação do lendário esplendor, do prestígio e da suntuosidade dos sefarditas, os judeus espanhóis e portugueses. Não se devia, quem sabe, a eles a exploração dos recessos mais recônditos da *Kabbalah*, a mística judaica? E como esquecer então o nome de Baruch Spinoza? Cultos e ousados, refinados e altivos, os marranos eram envoltos em uma aura de cativante exotismo. Foi assim que os pintou Rembrandt. Foi assim que os imortalizou Heine na sua poesia. Que alguns deles, por um tempo, tenham sido também cristãos, não feria a imagem romântica. Eram *anussim*, obrigados, isto é, tinham sido forçados ao batismo, sem falar nas atrocidades da Inquisição. Tinham sido torturados, flagelados, ridicularizados. Os espanhóis os haviam chamado com desprezo de «marranos». Justamente por isso mereciam ser colocados na longa lista dos mártires judeus.

Escondidos na clandestinidade, os marranos tinham conservado o judaísmo no íntimo de seus corações, assumindo apenas exteriormente a fé que lhes era imposta, o cristianismo. Em segredo, continuaram a observar os ritos judaicos. A identidade deles manteve-se intacta e autêntica. Retirada a máscara cristã, voltavam a ser judeus.

Essa visão romântica e romanceada foi por muito tempo a mais difundida. Basta folhear o famoso livro de Cecil Roth que, já nas primeiras páginas, fala do «heroísmo impetuoso», do «fascínio dramático» dos marranos, aqueles judeus que, para além de qualquer mistificação, «dentro de si continuavam sempre os mesmos». Como se a existência pudesse ser dividida em duas partes, externa e interna, e uma não incidisse sobre a outra. Mas justamente quem divulga uma ideia tão reconfortante não tem escrúpulo em reiterar uma antiga condenação: por que os marranos não se sacrificaram? Por que não escolheram morrer pelo *Kidush haShem*, a santificação do Nome? E não seguiram o nobre exemplo dos judeus da Renânia, que encararam resolutamente o martírio?

A resposta se procura na «diferença moral» entre judeus alemães e judeus espanhóis. Após séculos de bem-estar, esses últimos já estariam acostumados ao mundo à sua volta, sem mais poder de reação. Unem-se, então, judeus sefarditas e marranos, todos igualmente afetados por uma condenação intransigente e moralista. A censura relembra aquilo que ecoa na abjeta pergunta posta aos judeus europeus depois do nazismo: «por que vocês seguiram como ovelhas para o matadouro?»

Apologia e condenação seguiram os marranos, o que acabou paradoxalmente por reforçar a sua duplicidade. Foram corajosos ou covardes, destemidos ou vis, inflexíveis ou inclinados ao acordo?

A saga romântica, em voga até o início do século xx, aos poucos deu lugar a estudos mais precisos. A imagem evanescente dos marranos, remetida a um passado remoto, mudou graças a uma fantástica descoberta. Em 1917, Samuel Schwarz, um judeu polonês que trabalhava como engenheiro em Belmonte, em uma zona inacessível e isolada no norte de Portugal, topou por acaso com marranos de carne e osso que praticavam ainda em segredo rituais judaicos e que, depois de o terem acolhido com desconfiança, resistindo às suas perguntas, enfim revelaram ser *judeos*. As buscas foram então se multiplicando. Foi Yitzhak Bayer quem recolheu e publicou, entre 1929 e 1936, os documentos guardados nos arquivos da Inquisição. Justamente os perseguidores haviam contribuído para conservar a memória dos marranos. O seu veredito foi claro: ainda que muito assimilados, corrompidos pela filosofia racionalista, além de vítimas de um violento antissemitismo, os *conversos* deviam ser considerados parte integrante da história judaica.

Mas o que aconteceu com aqueles marranos que se tornaram católicos fervorosos? Entre eles inclusive personagens de relevo, até rabinos, convertidos convictamente e promovidos aos mais altos cargos eclesiásticos? Isso para não falar de Tomás de Torquemada, o grande inquisidor? Quem sabe esses marranos deviam ser inseridos na história da Espanha que, depois de ter apagado a sua presença, depois de lhes ter negado uma cidadania na «pátria» pura e íntegra, voltava a reivindicá-los para si. O que havia tornado a Espanha única não era a cruzada permanente, mas sim a *convivencia* entre muçulmanos, judeus e cristãos. Com essa tese revolucionária, Américo Castro, uma potente voz antifranquista, em seu livro publicado em 1948, reconhecia com todas as letras a importância dos *conversos* que, em sua maioria hereges, haviam introduzido o gérmen da dissidência.

Enquanto o enigma dos marranos, em vez de se tornar mais claro, fazia-se mais denso – mais intricada ficava a sua identidade e controverso o seu pertencimento –, a Shoah lançou uma sombra escura sobre aquela história atormentada que não parecia ter mais nada de romântico. Inclusive Roth admitia isso na nova edição do seu livro, publicado pela primeira vez em 1932. Eram muitas as desconcertantes afinidades entre os marranos e os judeus que viviam sob o regime hitleriano. Os marranos podiam oferecer um exemplo negativo a não ser seguido. Já que fiéis, certamente, não tinham sido.

Tal história passava a ser radicalmente revista. Não, os marranos não eram nem heróis nem mártires. Ao contrário, desertores e infiéis, atestavam com a sua vida a ameaça inerente à diáspora, o risco da assimilação. Sobretudo, não podiam ser considerados judeus. Foi o que declarou Benzion Netanyahu em um livro publicado em 1966, que desencadeou uma revisão crítica. A sua condenação póstuma se fundamentava, na verdade, nas respostas dos rabinos. O marranismo não passava de um modo, atrasado e ineficaz, de reagir à Inquisição.

Essa revisão, que novamente lançava suspeitas, exigiu, contudo, mais cautela. Alguns historiadores, como Henry Méchoulan, para salvar o que podia ser salvo, fizeram uma divisão entre os criptojudeus, que continuaram sendo os «verdadeiros judeus», e os marranos, que por sua vez haviam escolhido a idolatria ao se tornarem cristãos-novos. Mas como fazer a distinção? Segundo quais critérios? De que modo avaliar o caso de Yitzhak Cardoso, que em Madri não era considerado judeu, enquanto que em Verona tornava-se um dos personagens mais representativos do judaísmo europeu?

Foi especificamente Yosef H. Yerushalmi quem abriu novas perspectivas, de um lado inserindo os marranos na história judaica, de outro cruzando fronteiras para interpretar o fenômeno em sua trama complexa. Lendo bem os vaticínios, nem os rabinos entravam em um acordo: alguns exprimiam reprovação, outros se mostravam indulgentes. Certamente os marranos não seguiam mais a *halakhah*, a lei judaica, não observavam seus numerosos preceitos; mas seria esse um bom motivo para renegá-los? Os rabinos eram chamados a tomar decisões de caráter prático, que diziam respeito à vida, e muitas vezes à sobrevivência, daqueles que tinham permanecido presos e daqueles que tinham conseguido escapar. Apenas parcialmente poderiam ter contribuído para esclarecer a condição dos marranos.

Resta a questão sobre a «judaicidade», termo usado por Yerushalmi e retomado mais tarde por Jacques Derrida. Os marranos podem se considerar judeus? Em que consistiria a judaicidade? E, então, o que quer dizer ser judeu? A definição de marrano coloca em questão a de judeu.

Os juízos peremptórios e as definições unilaterais, que teriam a pretensão de capturar o marrano, esse fugitivo, refugiado e desertor, acabam por ocultar a sua ambivalência, por encobrir a inerente dualidade que torna a sua figura tão fascinante e tão perturbadora.

Ester e uma outra soberania

O acontecimento narrado certamente não é alegre. Sobre o povo judeu paira novamente uma ameaça. Pela primeira vez, porém, emerge a palavra «aniquilamento». Quem a pronuncia, no grande, imenso Império Persa, é Hamã, o conselheiro do rei Assuero. Esse obscuro burocrata, protótipo do exterminador, vê nos judeus o inimigo número um e pede que a questão seja definitivamente resolvida. «E Hamã disse ao rei Assuero: 'Existe espalhado e dividido entre os povos em todas as províncias do teu reino um povo, cujas leis são diferentes das leis de todos os povos, e que não cumpre as leis do rei; por isso não convém ao rei deixá-lo ficar. Se bem parecer ao rei, decrete-se que os matem'» (*Ester* 3:8,9). Um, *echád* – mediante o atributo do Deus de Israel, estigmatiza-se o povo contra o qual se dirigem graríssimas acusações políticas: insubordinação, desapreço, inobservância das leis do reino e talvez, quem sabe, conspiração. Não é oportuno, nem útil, conceder residência a estrangeiros insubordinados, que ainda por cima seguem leis diferentes. Espalhados como estão, e por isso vulneráveis, não poderão opor resistência. Se já se separam, por que não os isolar completamente? Frio e metódico, Hamã põe em funcionamento a máquina de extermínio. Fia-se no lance de dados, tira a sorte – *pur*, de onde vem o nome *Purim*, a festa do sorteio. E daí surge a data: o dia 13 do mês de *adar*. Em apenas um dia todos os judeus deveriam ser aniquilados. Após o selo ser timbrado, o decreto é entregue aos mensageiros para que o entreguem aos sátrapas e demais governantes. O sistema é armado para orquestrar o massacre. A ordem está escrita com todas as letras: «para que destruíssem, matassem e fizessem perecer a todos os judeus» (*Ester* 3:13).

Mas a história tem um final feliz. A sorte dá uma reviravolta. Os judeus escapam milagrosamente do massacre. O malvado Hamã, aquele perigoso fanfarrão, cai na armadilha da sua própria conspiração e acaba enforcado junto com os seus comparsas. Partindo disso, não seria errado inserir a história no gênero moderno da ficção. Ainda mais porque conta uma história que na realidade não aconteceu.

A História do mundo não sabe nada a respeito de uma rainha judia no Império Persa. Com seus lautos banquetes, intrigas da corte, peripécias, a *Meguilá de Ester*, o célebre livro bíblico, assemelha-se quase a uma passagem das *Mil e Uma Noites*. Tudo parece uma fábula. Frivolidade, ironia, caricatura, sátira se alternam em um texto onde até o Nome de Deus está ausente. O livro de Ester simula o esconder-se Divino – «Esconderei, pois, totalmente o meu rosto naquele dia», *haster'astir* (*Deuteronômio* 31:18). No entanto, a *Meguilá* é bem mais realista do que outras narrativas bíblicas. A sua complexidade está no entrecruzamento de motivações teológicas e políticas. Se o aniquilamento é a ameaça que recai sobre o povo judeu, o eixo em torno do qual gira a narrativa é a Lei, ao passo que o messianismo é a resposta final.

Tudo começa com o grande banquete oferecido por Assuero, para o qual a rainha Vasti é convidada. Queria mostrá-la a todos «com a coroa real» para exibir «aos povos e aos príncipes» a sua beleza. Mas Vasti recusa. Talvez Assuero quisesse exibi-la nua diante daqueles homens bêbados – é o que sugerem alguns comentadores para atenuar sua culpa. O certo é que foi um ato inédito de desobediência. Cresce a ira do rei. Outras mulheres poderiam seguir o exemplo dela e todos os maridos do reino acabariam sendo ridicularizados, como aconteceu ao rei. Justamente por representar um modelo, as responsabilidades de Vasti são maiores. O seu destino está selado: não aparecerá mais diante do rei. Assuero a repudia, não sem antes, contudo, convocar os seus conselheiros, já que os seus assuntos são tratados perante os sábios que conhecem «a lei e o direito» (*Ester*, 1:13).

A referência à lei, que poderia parecer à primeira vista uma particularidade extravagante, se não um inútil formalismo jurídico, alude à relação entre Deus e Israel. Não é difícil entrever na personagem de Vasti o povo judeu que, no exílio, foi se distanciando da Lei, até revoltar-se contra o Rei. Uma revolta ainda mais grave porque se trata do povo que continua, de todo modo, sendo usado como exemplo para os outros.

O exílio não é somente a moldura, mas também o grande tema da *Meguilá*. A narrativa parte da condição da diáspora, de onde são descritos os desafios e prenunciados quase profeticamente os perigos. Mas a pergunta que atormenta os judeus é se é irrevogável o decreto divino que, após a destruição do Templo, selou o exílio.

É por isso que a expressão *devar ha-mélekh*, «decreto real», é recorrente no texto. Em resumo, o exílio terá ou não fim? Para retomar a metáfora do casamento: é uma separação provisória ou um repúdio definitivo? E se for mesmo um divórcio, não será necessário então livrar-se do contrato de matrimônio – a Lei –, isto é, invalidá-lo, aboli--lo? Sobre o pano de fundo histórico do exílio, que coloca à prova a existência judaica, a Lei e o respeito pela Lei é que estão em pauta. A protagonista da *Meguilá* é Ester, figura messiânica que interfere bem no momento em que o aniquilamento parece inevitável, símbolo a um só tempo humilde e potente do retorno.

Mas quem é Ester? Que papel ela desempenha em uma narrativa permeada pelo desassossego, pontuada pela palavra «deportação» – que aparece quatro vezes –, assombrada pelo espectro do extermínio? De que modo salva o seu povo transformando o seu destino?

Estrangeira e órfã, é adotada por Mordecai, um parente ancião, judeu praticante, que, no entanto, a proíbe de revelar o segredo de seu nascimento e de seu pertencimento ao povo judeu. Embora seu pai se chamasse Abiail, que significa «meu pai é poder», Ester não tem, nem pode ter, qualquer soberba. Cresce, ao contrário, consciente da sua condição de fragilidade extrema, entre a melancolia pelo insuperável vazio de uma ausência que a aflige desde a origem e o penoso silêncio a que se vê forçada. Por outro lado, vive em uma terra de exílio, onde aqueles que adoram muitos deuses não veem com bons olhos a sua liturgia, ou melhor, não toleram aquele monoteísmo exclusivista, destinado a erradicar as divindades pagãs. Assim, a órfã judia se acostuma com a clandestinidade. Hadassa – feminino de *hadas*, que faz referência à murta – é o nome judaico, dado pelos pais, no qual está inscrita a esperança de que, assim como a murta, também Hadassa floresça sozinha. Ela carrega o nome consigo, na intimidade. Em público, é chamada de Ester, que quer dizer «eu me esconderei», nome, portanto, que lhe traz à lembrança o imperativo do segredo.

Ao seu lado, porém, está sempre Mordecai. No Império Persa, ele acumulou méritos e mais méritos. Contudo, nunca foi assimilado, tampouco se curvou ao poder. A sua inflexibilidade poderia constituir um motivo do extermínio? Ao contrário. Justamente porque permaneceu fiel ao seu judaísmo, é leal e confiável. E o rei sabe bem disso.

Se Ester é o símbolo do judaísmo assimilado, que corre o risco de se distanciar para sempre, prejudicando o retorno, Mordecai representa, em vez disso, o judaísmo ligado à tradição, fiel à Lei. A divisão desses papéis torna ainda mais complexa a trama da narrativa. Ester vive escondida, protegida por Mordecai, recorrendo à sua ajuda e aos seus conselhos. O que seria de Ester sem Mordecai? O inverso também é verdadeiro, no entanto. O que seria de Mordecai sem Ester? Como os destinos, também os papéis se invertem continuamente nessa narrativa cheia de surpresas.

Após o afastamento de Vasti, é realizado um concurso de beleza. Quem o vence é Ester. Não foi o óleo de mirra, nem foram os unguentos ou os bálsamos que produziram tal efeito. Ester é «jovem, bela de presença e formosa», assim conta a *Meguilá*. Aos seus atrativos acrescenta-se, porém, aquele toque de mistério que a distingue das demais, a interioridade de um segredo inexpugnável. Quando ela aparece, o rei é tocado a ponto de interromper a cerimônia e cancelá-la. Ele a conduz pela residência real. E em sua homenagem ordena que se prepare um banquete.

A Mesa do Rei é o cenário em que ocorrem os eventos decisivos. Assim como Vasti perde a sua realeza em um banquete, também em um banquete Ester é coroada *malká*, rainha. A figura de Vasti – de um Israel que se deixou ir para o exílio e chegou a rejeitar a Lei – dá lugar à de Ester, um Israel humilhado pelo exílio.

Porém, o que acontece quando, devido às intrigas urdidas por Hamã, é promulgado o decreto de extermínio? Decretos reais, é sabido, não podem ser revogados. Como pode então Ester levar Assuero a cancelá-lo? Quando tudo parece perdido, Mordecai roga a Ester para «que fosse ter com o rei, e lhe pedisse e suplicasse na sua presença pelo seu povo» (*Ester* 4:8). É tempo de sair da clandestinidade. Por sua vez, Ester ordena a Mordecai: «Vai, ajunta a todos os judeus que se acharem em Susã, e jejuai por mim, e não comais nem bebais por três dias, nem de dia nem de noite». E acrescenta: «e eu e as minhas servas também assim jejuaremos. E assim irei ter com o rei, ainda que não seja segundo a lei; e se perecer, pereci» (*Ester* 4:16,17).

Ester faz cair o véu do seu segredo e tenta o impossível. A sua ação se concentra em duas expressões: a primeira, que atende ao pedido de Mordecai, é *karob-le-malkhút*, «aproximar-se do rei»; a segunda, que descreve a sua iniciativa, é *lo ke-dat*, «fora da lei». Para defender o seu povo, acusado de lesa-majestade, Ester adentra o palácio real, lá onde o ingresso é proibido a qualquer um, sob pena de morte, e com a sua ação extralegal, evocando uma outra soberania, provoca uma reviravolta nos destinos, *purim*.

O que é mais distante surge de repente como o mais próximo. Uma judia assimilada, a ponto de não se declarar mais como tal, de esconder-se, disfarçar-se, desafiando os limites da lei, aproxima-se do Rei – *karob-le-malkhút* – e em sua *teshuvá*, no seu retorno ao Rei, consegue fazê-lo voltar atrás, revogar o decreto irrevogável, anular, tornar nada, o aniquilamento.

Ester assegura a sobrevivência de Mordecai e de todo o povo judeu. A salvação foi trazida pelo seu *tikun*, pela sua retirada, na noite escura do exílio, que precede a luz da aurora. Quando ela se revela, no último instante, no limite extremo do apocalipse, muda o rumo da história, derrotando Hamã, símbolo do mal, do ódio gratuito.

Metáfora do judaísmo da diáspora, Ester representa um messianismo exílico centrado no retorno. A salvação não vem de um guerreiro forte e combativo, mas de uma rainha escondida, em cujas mãos está a existência do povo judeu.

Para os marranos não podia haver figura que ilustrasse melhor a sua condição, a sua história, o seu destino. Justamente porque a audaciosa rainha inflamava a imaginação deles, infundia coragem, trazia conforto, o *Purim*, que parecia ter uma ligação com o *Kippur*, o dia da expiação, tornou-se uma data comemorativa extraordinária do ano, celebrada na primeira lua cheia de fevereiro (não no mês de *adar*, como deveria ser conforme o calendário judaico).

Em uma leitura místico-política do livro de Ester, entreviam a reviravolta esperada havia tempos. Inclusive para os *conversos* teria chegado o momento de se libertar do jugo de seus inimigos. No seu *Poema da rainha Ester,* o poeta marrano João Pinto Delgado escreveu: «o esplendor que a sua beleza irradia/ clareia a noite e ofusca o dia». Está aqui, talvez, o sentido da condição marrana: enquanto o dia da existência é obscurecido, a vida acontece na negatividade da noite.

Convertam-se e fujam!

Foi por volta do ano de 1160 que a família de Maimô-nides, depois de ter abandonado Córdoba para escapar das cruéis perseguições dos Almóadas, atravessou o estreito de Gibraltar e se estabeleceu em Fez. Se é evidente o motivo daquela precipitada partida, menos evidente é a escolha do destino. Por que cargas d'água enfiar-se justamente no coração do Império? Muitos indícios revelariam uma conversão ao islã – uma conversão, claro, provisória, para salvar as aparências. Alguns anos depois, em 1165, a viagem é retomada e segue para além das fronteiras, até Alexandria, no Egito, e depois até al-Fustat, centro urbano do Cairo. Depois de um longo período de peregrinações, finalmente o primogênito Moisés, já famoso em todas as comunidades andaluzas por sua prodigiosa memória, sua rara capacidade de concentração, seu imenso saber, que ia da literatura talmúdica até a álgebra, foi capaz de demonstrar as suas aptidões tornando-se médico na corte de Saladino e afirmando-se não apenas como a mais estimada autoridade rabínica da diáspora, mas também como um grande filósofo.

No entanto, talvez o seu pensamento estivesse muito além do seu tempo. O *Guia dos perplexos*, voltado para uma minoria esclarecida, suscitou perplexidade mais do que foi capaz de guiar e orientar. E foi assim que fracassou o ousado projeto de conjugar Talmude e filosofia. Ainda assim, foram profundas e duradouras as marcas deixadas por aquele intelectual errante que, com quase profética clarividência, soube capturar as delicadas questões da sua época.

A conversão forçada já era um tema que estava na ordem do dia. Não poucos judeus convertiam-se ao islã. Então Maimônides, quem sabe também para se defender das acusações que se voltavam contra ele, escreveu uma *Carta sobre a apostasia*, cuja autenticidade, justamente devido ao tema escabroso, já foi colocada em dúvida algumas vezes. Mas também é verdade que não faltam outras manifestações posteriores dele a respeito do assunto.

A *Carta* era quase um manifesto em que Maimônides praticamente desencorajava o martírio, considerado não uma norma judaica, e sim um gesto de exceção, um sacrifício que não podia ser imposto à multidão. Aconselhava, em vez disso, uma resposta menos heroica e mais prudente: se ameaçados de morte, aos judeus não restava outra opção, a não ser a dissimulação provisória. E então, continuando a observar em segredo o máximo de preceitos possíveis, deveriam «abandonar todas as posses e caminhar dia e noite», até que encontrassem um lugar onde fosse possível voltar para a sua religião. Não sem uma certa veemência, Maimônides também investia contra um rabino que havia condenado indiscriminadamente todos os convertidos.

A sua reflexão filosófica e autobiográfica enfrentava as questões que a dramática história dos marranos suscitaria. O que fazer, se massas inteiras eram violentamente convertidas? Não havia alternativa à morte? Maimônides sugeria a possibilidade de interpretar a conversão como uma migração interior, que de modo algum deveria impedir o retorno.

Quando tudo começou

As conversões forçadas não eram certamente uma novidade. O que assinalou o retorno, colocando em evidência a questão dos marranos, foi a brutalidade e a escala dos acontecimentos. Como raramente acontece na história, é possível apontar uma data precisa: 4 de junho de 1391. Na *judería* de Sevilha, irrompeu uma turba enlouquecida, liderada pelo arquidiácono Ferrán Martínez, porta-voz do mau-humor serpenteante e do ancestral ódio antijudaico. Ponto de encontro de diversos povos, terra de uma *convivencia* sempre difícil, a Espanha era tomada por uma incontida paixão pela identidade, por um fervor místico em relação ao sangue puro. As primeiras vítimas foram os judeus: eram os estranhos que, marcados por uma culpa teológica e por um anátema social, solapavam a identidade.

Em uma breve carta, o rabino e filósofo Hasdai Crescas narra a devastação no seguinte mote: «Ou a Cruz ou a morte!». Poucos judeus «sacrificaram o Nome, enquanto muitos – observa laconicamente – violaram o Pacto». As vítimas foram em número superior a quatro mil. Depois de Sevilha foi a vez de Córdoba, Toledo, Madri, Ciudad Real, Burgos, Valência, Girona, Barcelona.

Chacinas, saques de bairros inteiros, destruição de sinagogas se multiplicaram. Algumas comunidades judaicas foram dizimadas. Para evitar a morte, muitos judeus procuraram refúgio no batismo. A uma primeira onda de conversões, seguiu-se em pouco tempo uma segunda onda caracterizada por um proselitismo exaltado, por uma militância missionária, cujo inspirador foi o dominicano Vicente Ferrer. Quantos judeus morreram, quantos se converteram? É impossível responder. Baer estimou que dos cerca de 600.000 judeus residentes nos territórios da Coroa de Castela, Aragão e Navarra, um terço morreu, um terço sobreviveu, um terço foi conservado graças ao batismo. Esses números, inexatos, exagerados, questionados por muitos, dão, porém, simbolicamente, uma ideia do fenômeno e da sua amplitude.

Criou-se então uma nova figura: a dos *conversos* ou *cristianos nuevos*. E o primeiro efeito do batismo forçado foi a divisão: os pais foram separados dos filhos, as mulheres dos maridos. Segundo muitos testemunhos, foram justamente as mulheres que resistiram mais e por mais tempo. Relegado à esfera privada, o marranismo conseguiu permanecer vivo por séculos em sua forma, digamos assim, feminina, por meio da autoridade quase rabínica de muitas mulheres que distribuíam as *berachót*, as bênçãos, e celebravam clandestinamente as datas festivas.

Entre silêncio e nostalgia

Os *conversos* judaizantes eram aqueles que, apesar do batismo, ainda se sentiam judeus, mas eram obrigados a sê-lo apenas em segredo, induzidos ao mal temporário da dissimulação. Sofreram assim com uma certa frieza, no limite da rejeição, que as comunidades a que pertenciam manifestaram desde o início. Não é de se estranhar, além de tudo, que os judeus que haviam resistido à conversão vissem os marranos como traidores. Depois do choque inicial, porém, buscaram apoiá-los de todas as maneiras.

Os judaizantes mostravam-se cristãos na esfera pública. Se fossem obrigados a recitar litanias para eles idólatras, anulavam interiormente o que os seus lábios proferiam, murmuravam antigas bênçãos, rezavam em silêncio. Continuaram mantendo no âmbito privado uma forma de vida judaica. Escolas e sinagogas ficavam a poucos passos; a *judería*, o bairro em que haviam ficado para viver, permitia-lhes celebrar as datas festivas e observar o *Shabat*. Não era preciso se esforçar muito calculando as datas do calendário judaico, com a sua complexa sintonia entre o sistema solar e o lunar; bastava ficar de olho nos preparativos frenéticos da comunidade, espreitar o incansável alvoroço dos vizinhos que, por sua vez, se mostravam muitas vezes atenciosos e prestativos a ponto de se tornarem cúmplices. Levavam aos marranos, às escondidas, livros, comida *kosher*, óleo para as lamparinas e tudo aquilo que pudesse ajudá-los a manter um vínculo. Não surpreende que nos registros da Inquisição haja testemunhos em abundância sobre as cerimônias furtivas e as reuniões ilegais que – de Toledo até Ciudad Real – aconteceram pelo menos até 1480, quando foram introduzidas as primeiras leis para dividir os *conversos* dos judeus.

Assim, os marranos, dominados pelo sentimento de culpa, oprimidos pelo peso da vergonha, foram condenados àquela sua absurda prisão. A Espanha era o Egito deles. Viviam um triplo exílio: como judeus, estavam ainda na diáspora; como *conversos*, estavam excluídos da vida judaica; como judaizantes, sobreviviam em um ambiente católico cada vez mais hostil. Não abandonaram a esperança, que, porém, com o tempo, cedeu a uma amarga nostalgia por um passado imemorial.

«Novos cristãos»

As conversões não foram sempre impostas. Não faltaram judeus que escolheram voluntariamente o batismo. O caso mais notável foi o de Shlomo Halevi, rabino-chefe de Burgos, que, ainda antes da devastação da *judería*, se converteu e tentou levar consigo a comunidade toda. Somente poucos foram atrás dele. Halevi adotou o nome sintomático e revelador de Pablo de Santa María, foi estudar teologia em Paris, fez carreira dentro das hierarquias eclesiásticas e voltou a Burgos como bispo da cidade. Inútil dizê-lo: do ponto de vista judaico, era um dos maiores apóstatas de seu tempo. De fato, causou rebuliço a convicção que o havia levado a abraçar a cruz, certo de não ter violado o pacto e de permanecer, em vez disso, dentro do judaísmo. Havia muito tempo que já lia a Torá a partir de uma perspectiva cristã, sempre mais convencido de que, recusando Jesus, os judeus tivessem cometido um erro fatal que lhes custaria a salvação. Isso o havia impelido para o batismo. O que explica o motivo pelo qual, referindo-se aos judeus, continuou a usar o «nós».

Surpreso e atônito, seu amigo íntimo Yehoshua Halorki refutou a tese de Santa María, segundo a qual o Messias havia chegado. Será que a paz prevalecia em todo o lugar? E a ovelha convivia com o lobo? Mas tais dúvidas já anunciavam uma hesitação, uma dúvida. Algum tempo depois, Halorki participou da famosa disputa de Tortosa como o nome de Gerónimo de Santa Fe, conhecido pelos judeus como *megadef*, o blasfemo. Em vez de resgatar seu amigo para o judaísmo, Halorki o seguiu, animado pela mesma convicção: que se devesse permanecer dentro do judaísmo dando um passo à frente. O que então significava aceitar que o Messias já tinha vindo.

Não por acaso, a disputa de Tortosa, solenemente aberta em 7 de fevereiro de 1412, foi toda centrada no messianismo. Em posição difícil devido às pressões sofridas e à exigência de conter os opositores que vinham do mesmo mundo judaico, os rabinos se defenderam tentando fazer a distinção entre dois messianismos: o cristão, concebido como redenção do pecado e salvação da alma, e o judaico, entendido mais como libertação política.

Casos como os de Shlomo Halevi, que se tornou Pablo de Santa María, não foram muitos. Mas o importante é o sistema que se introduz. Se, para um pagão – argumenta Halevi –, batizar-se significa aceitar uma nova fé, para um judeu não constitui passagem para uma outra doutrina. De onde teria surgido o cristianismo? Tais pensamentos emergem também em outros lugares, em testemunhos diretos ou indiretos. Justamente em uma perspectiva cristã, ser judeu deveria constituir uma vantagem, não um inconveniente. Para os *conversos*, tratava-se assim de reagir ao rótulo de «cristãos-novos» que, em uma insistente teologia da substituição, era-lhes atribuído pelos «velhos cristãos». Reivindicavam ser, como judeus, bem mais velhos do que os «velhos cristãos». Só que estes «judeus-cristãos», que a seu modo encarnavam um dualismo marrano, acabavam sendo rejeitados tanto de um lado quanto do outro: para os judeus, representavam uma traição de si mesmos, para os cristãos, um vínculo constrangedor.

Tal sistema está destinado a se repetir também em épocas posteriores, até o século XX, tanto antes quanto depois da Shoah. Os resultados foram diferentes e muito controversos. Emblemática é a história do filósofo Franz Rosenzweig, que, depois de ter pensado muito sobre a conversão, deteve-se na iminência do batismo com a frase lapidar, contida em uma carta de 31 de outubro de 1913, *ich bleibe also jude*, «então, ainda sou um judeu», com a qual argumentava estar, na condição de judeu, já no lugar onde um pagão poderia ter chegado por meio do cristianismo.

O outro do outro

Quais foram os efeitos existenciais e políticos provocados pela condição híbrida dos marranos? A paixão identitária havia impulsionado um orgulhoso *ser espanhol*, em busca de uma integridade autêntica, a assimilar e englobar o outro, incorporando-o mesmo sob pena de aniquilá-lo. O resultado paradoxal foi o surgimento de um fenômeno imprevisto e alarmante. Se antes o outro era distinto e bem reconhecível, uma vez introduzido à força no corpo da cristandade, permaneceu outro, mas dentro. Foi assim se delineando uma alteridade mais sutil e complexa. Foi em partes a revanche do outro sobre o *si mesmo*, um contra--ataque inesperado.

Durante muito tempo, o judeu foi o outro externo e exterior, estigmatizado, excluído, fisicamente separado no gueto. Esse estrangeiro, cujas fronteiras marcavam uma espécie de front, era um inimigo potencial, mas ainda assim um inimigo, facilmente identificável, contra o qual era possível de tempos em tempos perpetrar ações mais ou menos bélicas, massacres, chacinas, saques. O tradicional outro externo deixou o lugar para um outro interno – o marrano entrou no lugar do judeu. Todos os nomes que surgiram para se referir a essa figura inédita – *converso, confeso, cristiano nuevo* – foram assumindo, tanto na linguagem popular quanto na literária, um sentido pejorativo, assim como *marrano*, justamente porque aludiam àquela nova alteridade, vaga, obscura, fugidia. A incorporação forçada não podia, portanto, ser considerada bem-sucedida.

O marrano foi o outro de dentro. Forçado a uma migração interior, permaneceu ainda assim diferente, inassimilável, herdando a alteridade do judeu. No entanto, judeu não era mais – sobretudo aos olhos dos judeus. A nova alteridade do marrano não foi então apenas interna. Já em relação ao judeu, o outro por excelência, o marrano tornou-se o outro do outro.

Essa alteridade dual foi confirmada e reiterada inclusive em relação aos cristãos. Não obstante todos os esforços de dissimulação e mimetização, o marrano era considerado um cristão-não-ainda--cristão, isto é, ainda e sempre um judeu que devia ser mantido bem distinto do *cristiano viejo*. Que sentido tinha a coerção violenta se, para extirpar uma alteridade, introduzia-se uma nova, pouco palpável e até mais temível?

Tanto se aspirasse a permanecer judeu quanto se tentasse ser assimilado, o marrano era repelido por ambas as frentes, evitado como sendo o outro do outro, condenado a uma dualidade inescapável. Para onde quer que lançasse o olhar, voltava refletida para ele a sua imagem dupla, ambivalente e desconfiada, que não podia deixar de repercutir sobre a percepção de si mesmo e na qual, não sem relutância, acabava por acreditar.

Essa identidade, negada em sua raiz, inevitavelmente duplicada, assumiu as formas mais diversas, muitas vezes sobrepostas e misturadas. Não faltaram aqueles que, ao se verem encurralados, deixaram para trás ambas as religiões, encontrando uma saída no ateísmo secular. Mas dos *conversos* que permaneceram secretamente judeus aos católicos mais zelosos, dos dissidentes aos conformistas, dos hereges aos deístas, os marranos foram entregues a um eu dividido, cindido, um eu em que o outro, preservado dentro dele, era parte constitutiva.

Acabaram lutando contra esse eu dual não apenas os marranos que tinham dúvidas e hesitavam, mas também aqueles que haviam feito uma escolha unívoca e decidida. Apesar de todo esforço, as ações, as palavras, os gestos traíam esse outro que imaginavam ter extirpado para sempre. Mesmo o *converso* mais judaizante não conseguia ser de todo judeu; mesmo o católico mais fervoroso deixava aflorar alguma pequena reminiscência judaica.

A impossibilidade de serem eles mesmos, estranheza, dissonância, foram as marcas distintivas dos marranos que, com a sua existência, anunciavam a condição moderna. Porque essa duplicidade forçada era o espelho em que já se refratava a identidade do outro, não menos fragmentada e cindida.

Uma duplicidade existencial

Quem se encontra entre duas diferentes tradições pode tentar conciliá-las encontrando, quem sabe, um acordo original. Da Antiguidade até hoje, foram recorrentes os fenômenos de sincretismo, mesmo em âmbito religioso. Exceção feita aos três monoteísmos, que são rivais e incompatíveis. É lícito reconhecer afinidade, pontos de convergência; mas não se podem seguir ao mesmo tempo dois caminhos diferentes. A incompatibilidade era ainda mais acentuada no tempo das conversões forçadas, quando uma religião queria apagar a outra.

Profunda e irremediável era a tensão que agitava todo o *converso*. O batismo revelava-se uma barreira metafísica insuperável, porque, relegando-o a uma terra de ninguém, no meio do caminho entre judaísmo e cristianismo, lá onde agia a exclusão mútua, destinava-o à dualidade, condenava-o, antes ainda de qualquer tortura, a uma cisão excruciante. É possível imaginar os esforços para continuar em segredo uma forma de vida judaica mantendo bem distintos gestos, ações, palavras, mas como não se confundir? Como não se trair? Fingir tornava-se uma necessidade.

A dissimulação é o traço que caracteriza a existência do marrano, que reúne ao mesmo tempo o seu ambivalente protesto e contém o seu dissenso velado. Não se deve, porém, entender mal. A duplicidade não é jogada entre uma esfera tida como real e outra considerada de aparência, divididas por uma linha clara. Se fosse assim, o marrano teria escondido, atrás da aparência cristã, a realidade intacta do seu judaísmo. As coisas não são tão simples. Vigilante e em alerta para defender essa linha, afastar qualquer suspeita, o marrano acaba por não distinguir mais, enquanto a aparência vira realidade, a realidade vira aparência. Um gesto simulado, se repetido, torna-se um hábito natural; uma aspiração sincera, se insatisfeita o tempo todo, torna-se fictícia e some. A vida pública penetra na vida privada; a vida privada deve ser cautelosamente pública. As fronteiras são borradas. Mistura e confusão são inevitáveis.

O marranismo é a duplicidade no sentido extramoral, dualidade que deixa uma marca na existência, afetando-a, dividindo-a. O marrano é obrigado a se deslocar incessantemente entre um polo e outro, oscilando sem trégua. Não tem mais um centro. E o que acreditava ser uma identidade fragmenta-se em um caleidoscópio de reflexões e especulações. A elipse, com os seus dois focos, poderia ser a imagem que mais reflete esse movimento.

O marranismo é a angústia da duplicidade. O marrano não consegue se desvencilhar da ambivalência paradoxal em que está preso, da dualidade que ameaça a relação com os outros, mas também consigo mesmo. Constantemente controlado, aprende a exercer o controle de si para controlar os outros. Vigiado, por sua vez vigia, no limite de uma hiperconsciência paranoica, resultado de uma inevitável mania de perseguição. O seu olhar se duplica, no esforço de assumir o ponto de vista do outro para examinar a projeção de si mesmo, na tentativa de sondar a própria imagem refletida pelo outro. É um olhar que se olha, no limite da esquizofrenia. O marrano se observa desempenhando o papel que lhe é reservado no espaço público. Levado a mentir, a fingir, aprende a pressentir a hipocrisia, a farejar o engodo, a dissolver as contradições, aprende a captar a verdade das mentiras dos outros.

O marrano é um criptomaníaco por necessidade. Cifra e decifra sem parar. Sutileza, sagacidade, astúcia são as qualidades que ele deve cultivar. Não apenas para encobrir suas intenções, mas para desmascarar as dos outros. Todo rosto é uma máscara. Se todo judeu precisou virar cristão, atrás de cada cristão esconde-se um judeu. O que vale para si, vale para o outro. Forçado a trair duas crenças, a enganar a confiança, ele se entrega a uma desconfiança incansável. Não pode confiar sequer em si mesmo. Vive no temor constante de se trair. Que aparência, que comportamento, que sílaba poderia denunciá-lo? Medo do outro e medo de si: porque o eu é um estranho, uma espécie de rival clandestino e malicioso que deve ser mantido sob rédeas curtas e escondido.

Mas esse olhar duplo é uma visão privilegiada. A dissimulação inaugura a introspecção. O *mirar por dentro*, segundo a célebre expressão de Baltasar Gracián, não é apenas um caminho para a alma. Olha-se para dentro de si mesmo para garantir que nada será capturado pelo outro, para estar seguro de que não será pego de surpresa. O conhecimento de si é o caminho para se esconder melhor do olhar dos outros. Eis porque essa introspecção, que aparece com clareza na obra de Montaigne – por sua vez um marrano –, tem um caráter político. Está alerta porque é filho da suspeita, descende da vigilância.

A descoberta do eu

O marrano não é, portanto, somente o judeu oculto. É o outro do outro, duplamente alienado, perseguido pelos cristãos porque judeu, renegado pelos judeus porque cristão. Esse seu duplo não-pertencimento, por mais dilacerante e doloroso que seja, coloca-o em uma inédita duplicidade existencial, que se reflete no modo como ele se percebe e se vê.

O marrano observa a si mesmo enquanto tenta assemelhar-se a um cristão, ou enquanto, sobre o fio tênue da memória, judaíza, comporta-se como judeu. Entre os dois focos da elipse, passando inexoravelmente de um lado para o outro, investiga o seu eu interior, antes ignorado, negligenciado, e que explora na sua complexa profundidade. É um eu multifacetado que, para escapar das suspeitas, tornou-se fugidio. Não se deixa mais identificar. Fragmentada, separada, a sua identidade poderia na melhor das hipóteses ser recomposta, em formas sempre novas, na trama de uma narrativa, em um esforço autobiográfico para mitigar a angústia da duplicidade e estancar a esquizofrenia iminente.

Se a migração externa leva à descoberta do Novo Mundo, a interna conduz à descoberta do eu. Ambas são o resultado da aventura marrana; mas a última não é menos arrojada do que a primeira.

O que impulsiona o marrano na direção da interioridade é a sua própria resistência, o dissenso, a oposição. Para quem está excluído, banido, cada vez mais isolado, privado de uma comunidade, o eu interior assume uma relevância antes impensável: é a caixinha dos segredos, o lugar de refúgio, a sede de um incessante diálogo daquele eu conhecido, examinado, espionado.

Os caminhos que percorrem essa nova terra da intimidade são, porém, múltiplos e variam desde a mística ascética até a filosofia racionalista, de Teresa D'Ávila até Spinoza.

No passado, da tradição em que estava inserido, o indivíduo adquiria ideais e costumes, a ponto de identificar-se completamente; depreendia-se daí a ilusão de uma identidade integral. Quando esse vínculo se despedaça, e a reintegração se mostra artificiosa, o eu se torna o foro íntimo destinado a uma autoridade maior do que qualquer convenção, o espaço da consciência. Nasce assim a modernidade de que o marranismo é o prelúdio.

Só que o eu moderno, o sujeito autônomo descrito por Hegel, pode pretender superar a cisão interna, elevando-se com a sua marcha triunfal à universalidade da razão. Ao contrário, o eu interior, descoberto pelos marranos, permanece dividido, sem conseguir fechar a ferida da cisão.

A água e o sangue
De Toledo a Nuremberg

Houve quem acorreu à pia batismal espontaneamente, e quem, ao contrário, foi arrastado com violência. A maioria havia se submetido ao rito para afastar com antecedência qualquer perigo. O cânone eclesiástico desaprovava o batismo forçado. Mas o que significa «forçar»? Se a vítima não protestava em voz alta, se consentia, «por sua salvação», não existiam provas de coerção e o sacramento devia ser considerado válido. Eram dezenas, centenas, talvez até milhares, os batizados em massa. A água quase não era mais suficiente. Embora seja difícil estimar números na história dos marranos, calcula-se que em um quarto de século, entre 1391 e 1415, as comunidades judaicas perderam mais de cem mil membros.

A passagem de uma religião a outra deveria ter abolido qualquer ação discriminatória. E a Igreja, seguindo a sua vocação universal, deveria ter acolhido fraternalmente os neoconvertidos. Não foi assim. Logo a disposição para o proselitismo, que podia ostentar resultados espetaculares, deu lugar a uma irrefreável suspeita. Não era bom talvez desconfiar desses neófitos e da sua sinceridade? Não estariam introduzindo a semente da heresia? Os judeus espanhóis encarnavam a contradição em que a Igreja se debatia, o paradoxo que corria o risco de anular qualquer esforço de evangelização.

Contudo, foi entre o povo que a suspeita se espalhou e teve efeitos fatais. Aqueles velhos judeus tinham mudado de nome, abandonado alguns hábitos, mudado um ou outro gesto. Mas permaneciam judeus. Era bom não se deixar enganar. Atrás de cada cristão escondia-se um marrano, atrás de cada marrano um judeu. Tudo se precipitou justamente por causa das conversões: se antes o judeu era facilmente reconhecível, a fachada do cristianismo o havia mimetizado, tornando-o por isso bem mais insidioso. O inimigo havia se tornado invisível. O estrangeiro havia se ocultado em uma estranheza obscura e traiçoeira. Aqueles judeus batizados às pressas e com fúria, introduzidos artificialmente no corpo político da cristandade, pareciam não se encaixar em nenhuma categoria conhecida. Tinham algo de híbrido, de espúrio, já pelo fato de ameaçar definições seculares. Se não eram mais judeus, cristãos certamente não eram.

Como chamá-los? O termo *conversos* era neutro demais e dava a entender que a conversão era um fato consumado. Preferiu-se falar em *cristianos nuevos* para assim distingui-los dos *cristianos viejos*, daqueles, resumindo, que eram cristãos de verdade, sem fingimento, que eram e sempre foram, desde a origem.

Ressentimento, ciúme, animosidade foram os sentimentos suscitados pelo ingresso dos cristãos-novos na vida pública. De uma hora para outra abriram-se as portas de setores que durante muito tempo estiveram interditados: do Estado à administração financeira, das corporações às universidades, até as ordens religiosas. Espalhados em toda parte, com sua iniciativa, os marranos conseguiram abrir caminho selando alianças matrimoniais com a nobreza e consolidando laços com a corte.

Como barrar aquela invasão imprevista? A hostilidade foi aumentando dia após dia, exacerbada pelas dificuldades econômicas e pela paixão identitária. Aos olhos dos velhos cristãos, os judeus haviam se infiltrado disfarçados: os marranos tinham se aproveitado sutilmente do batismo para contornar os obstáculos jurídicos e as antigas restrições. Portanto, era necessário pensar em novas leis. O que já era um contrassenso: depois de tanto cuidado para remover as barreiras da fé, providenciavam-se outras. Mas se não era mais possível recorrer à religião, qual poderia ser o critério para a legislação especial requerida contra os *conversos*?

Não era simples encontrar uma diferença evidente que não fosse a da fé. Procurou-se obstinadamente. Por fim, pensou-se em especificar no sangue o critério distintivo. Os velhos cristãos tinham um sangue puro, imaculado. Os cristãos-novos, ao contrário, tinham o impuro sangue judeu. E a água nada poderia contra o sangue. Nem mesmo a água benta da pia batismal poderia lavar a maldade dos judeus, nenhuma conversão poderia servir de remédio para aquele «mal incurável». A essência judaica foi identificada no sangue, esse fluído tão vital e corpóreo, tão oculto e inefável. Os *conversos* estavam, portanto, «maculados» e eram necessárias barreiras para evitar o contágio. A pureza do sangue tornou-se bem mais importante do que a pureza da fé. O critério para serem verdadeiros espanhóis foi o da *limpieza de sangre*.

A «questão judaica» vem à tona na época dos marranos. Se a água ainda prometia a salvação, o sangue não deixava mais escapatória. Ergueu-se uma barreira intransponível. Não se tratava mais do judaísmo, mas da ascendência judaica. Apesar do batismo, um *converso* mantinha os proverbiais traços judaicos – da astúcia à ganância, da austeridade à obstinação – que se tornaram, desse modo, indeléveis, inalteráveis. Mesmo sendo características morais e culturais, elas eram na verdade transmitidas por meio do sangue, impossível de mudar. Inédita, sem precedentes, foi a ideia da imutabilidade. O sangue era seu veículo corpóreo e seu símbolo psíquico, em perigosa e contínua oscilação. A própria alma – como sentenciou o teólogo Juan Escobar del Corro – acabava sendo condicionada pelo sangue. Eis porque para o sangue dos *conversos* não havia remédio.

E o que dizer éntão de Jesus de Nazaré, que, por sua vez, tinha uma indelével ascendência judaica? Como responder a uma pergunta dessas, que agitava o interior do cristianismo? A teologia nazista acabou inventando um «Cristo ariano».

Mas, na Espanha da *Reconquista*, arrebatada pelo mito da pureza, a doutrina do hiato físico-moral entre judeus e cristãos já tomou forma. Diante da exigência de se defender do sangue judeu, no qual a maldade se depositava, acrescentava-se a necessidade de preservar intacto o sangue eucarístico que, se de um lado representava na tradição cristã um elemento bem mais potente do que a água do batismo, de outro era o fluido que unia os fiéis ao corpo místico da Igreja, entendida como uma comunidade de sangue. O velho antijudaísmo cristão fundia-se a um novo antissemitismo moderno, que acentuava de modo paroxístico algumas de suas motivações teológicas, propiciando uma leitura eminentemente política.

Tal conjuntura explica a ligação, ainda que indireta, que Yerushalmi identificou entre o modelo ibérico e o alemão. Semelhança na assimilação, ressentimento eclodido a partir de baixo, discriminação legalizada: são essas as etapas identificadas em ambos os casos.

A primeira teoria racista tem uma certidão de nascimento: Toledo, 5 de junho de 1449. É a data da promulgação da *Sentencia-Estatuto*, o documento sobre a pureza do sangue, que contém em si todas as «leis raciais» que estão por vir. No texto, pede-se, entre outras coisas, que aos conversos de «origem judaica» seja impedido o acesso a funções municipais ou eclesiásticas, bem como aos ofícios que possam prejudicar os cristãos de «origem pura». Junto com o conceito de pureza, centrada no sangue e na descendência, introduz-se a necessidade de uma defesa contra qualquer possível contágio. *Schutz*, proteção, é o termo que se repete nas leis promulgadas pelo Terceiro Reich em 1935. De Toledo para Nuremberg é um pequeno passo.

No entanto, a Espanha inicialmente reagiu. Multiplicaram-se as resistências políticas e as objeções teológicas. Ergueu-se um coro de protestos e ordenou-se a suspensão. Além de ser um escândalo para uma religião que, como o cristianismo, professava a comunhão universal, a lei constituía um perigo imponderável para um país onde o sangue de judeus, mouros e cristãos já estava misturado havia séculos. Mesmo sofrendo com a forte aversão, a *limpieza de sangre* foi fatalmente se afirmando e o documento acabou se difundindo. Esse pedido, que baixo clero e povo nunca pararam de fazer, foi reiterada com força e em 1555 obteve o selo do rei e a ratificação do papa. Em 1580, Portugal também acolheu o documento.

A *limpieza de sangre* tornou-se um requisito formal para que se pudesse aceder à vida pública. E foi também uma aflição constante, pois era necessário exibir em todos os lugares as *pruebas*, as provas da pureza. Nem todos, mesmo entre os cristãos-velhos, eram totalmente imaculados. Por exemplo, a nobreza, que havia estreitado laços de parentesco com os cristãos-novos, há tempos já estava contaminada. Em vez de um *hidalgo* meio judeu, certamente era melhor ser filho de ninguém e ostentar uma origem pura, como Sancho Pança: «bem nascido e pelo menos cristão-velho». Contraposta à nobreza, a pureza do sangue se tornou princípio de identidade para as classes populares, o instrumento da sua vingança. A origem não remetia mais à linhagem nobre, mas indicava uma descendência livre de sangue estranho. Apesar de poucos espanhóis poderem se vangloriar de serem «bem nascidos», *cristianos viejos lindos*, começou a obsessão pela genealogia acompanhada por uma macabra aritmética da raça, que contava o quarto, o sétimo, o décimo de sangue impuro.

O grande expurgo

O decreto de expulsão assinalou uma das grandes rupturas da história judaica, um cataclismo inesperado: a perda definitiva de *Sefarad*, a Jerusalém espanhola. A concentração de tantos acontecimentos decisivos em um mesmo ano, 1492, certamente não é por acaso. Em janeiro, os exércitos vitoriosos dos reis católicos entraram em Granada selando o fim da *Reconquista*. Em 3 de agosto, os navios de Cristóvão Colombo zarparam de Palos de la Frontera em direção ao Novo Mundo. Alguns dias antes, em 31 de julho, o último judeu tinha deixado a Espanha.

Promulgado em 31 de março de 1492, o decreto também ordenou o fim de boa parte do judaísmo italiano, primeiro na Sicília, depois na Sardenha e no restante do sul, incluindo Nápoles. Os efeitos foram devastadores. Produziu-se uma terceira onda de conversões cuja extensão é impossível de calcular.

Mas antes é preciso falar de expurgo. Os judeus foram de fato expulsos inclusive para resolver de uma vez por todas a questão dos marranos, que opunham resistência e pareciam teimosamente inassimiláveis. Nem mesmo o Tribunal da Inquisição, instituído em 1478, conseguia os resultados desejados. Os *conversos* não queriam se converter de verdade e suas almas corriam o risco de não serem salvas. Expulsar os judeus, o outro tradicionalmente estranho, permitiria incluir os marranos, o outro de dentro. Separados das comunidades judaicas – as antigas *aljamas* que, embora em uma relação conflituosa, os haviam apoiado –, os marranos permaneceram segregados na Espanha.

Parece que ao menos um terço dos judeus espanhóis, que tomaram o caminho do mar, acabaram engolidos pelas ondas. Mais segura foi a passagem para Portugal, onde foram acolhidos como refugiados. Mas o refúgio revelou-se uma armadilha. Em 1497, em vez de serem expulsos, foi-lhes imposta uma conversão em massa. Os «batismos em pé», realizados às pressas, para impedir a fuga, foram um singular fenômeno de religiocídio. A quarta onda de conversões explica as características peculiares do marranismo português que, apesar das ferozes perseguições e do grande massacre de Lisboa em 1506, teve uma duração extraordinariamente longa e por conseguinte uma imensa expansão.

Fuga e recolhimento

Dupla traição, dupla exclusão. Alheios a qualquer forma de pertencimento, os marranos não são expulsos. Ao contrário, são mantidos à força, à espera de serem assimilados com menos ou mais violência, fagocitados no corpo do Estado em formação. Excluídos e incluídos ao mesmo tempo – inaugura-se uma nova forma de discriminação, correspondente à sua inédita alteridade.

Se os judeus, com o decreto de expulsão, são condenados à errância, os marranos, que são barrados em todo e qualquer lugar, ficam assim confinados em um espaço onde toda hospitalidade lhes é negada. É ali que a fúria persecutória procura detê-los, aprisionando-os para descobrir seu segredo.

Então, para escapar desse cárcere, os marranos optam pela fuga.

Conscientes da lição de Maimônides, do caminho apontado pela filosofia, preferiram salvar a vida a sacrificá-la. Mesmo sob a pena de se abrigar na apostasia, temporária ou aparente. Nada de sangue. Nenhuma pretensão de santificar a perda da vida. Interrompe-se o fluxo da violência. A fuga dos marranos é acima de tudo essa interrupção. Trata-se de um movimento que não pode ser subestimado, de um gesto que, ainda que muitas vezes moralmente condenado, mal compreendido e distorcido, concentra *in nuce* a modernidade. Não é apenas o horror diante da atrocidade da tortura; muitos marranos foram submetidos a crueldades hediondas. Mas a aura do mártir desaparece, o mito do martírio desmorona. E insinua-se a dúvida em torno de uma verdade atestada pela morte. É essa ligação secular e totalizante que se despedaça com o perjúrio, com a confissão falsa que preserva a vida. Por isso, marranismo é o oposto de todo o fundamentalismo.

Perseguidos pelos inquisidores, pela sua vontade impiedosa de identificar, examinar, assimilar, os marranos se esquivam das suspeitas e mantêm o segredo. O desassossego os aprisiona, a apreensão e a agitação marcam sua existência. Quando podem, partem para outras plagas, libertando-se das correntes de seu cativeiro. Isso acontece, no entanto, muito mais tarde, quando já se romperam os laços, cortaram-se os vínculos e as alianças.

O que então pode significar a fuga, se eles não têm um espaço, não têm para onde ir? Discrição, dissimulação, disfarce é a terra batida dos marranos. Não surpreende que sejam acusados de enganar, trapacear, transtornar. Mas esse seu transtorno é antes de tudo um retorno forçado, incansavelmente repetido, não uma provocação zombeteira, mas um tornar para fugir da opressão.

Se não pode ser uma errância que se desenrola horizontal, a fuga está destinada a ser o movimento de sobrevivência de quem torna, e retorna, buscando uma passagem secreta. Não um êxodo, mas um recuo. Nem travessia nem, muito menos, avanço. O fugir dos marranos é um recolher-se, um exílio no exílio. Na terra da inospitalidade, sem espaço de fuga, quando mimetizar-se não é mais suficiente, *tra-ir* ultrapassando um limite, e outro e mais outro, eles se eclipsam, abrigam-se na invisibilidade, adentram a cripta. Criptojudeus: segregam-se em nome de seu segredo. Perdem o direito à luz do dia. É a longa noite dos marranos.

Porém, a cripta não é apenas um refúgio. Sua permanência clandestina é resistência. Afinal de contas, é no subsolo, como ensina Dostoiévski, que se prepara a revolta. Toda subversão é, antes de tudo, subterrânea. Refugiados na cripta, no esconderijo das profundezas, os marranos trazem à memória os judeus, não raro misturados aos cristãos, relegados, nas masmorras romanas, à existência nas catacumbas.

A teologia dos marranos

Separados dos outros judeus, para os marranos não foi difícil no início preservar os ritos, as cerimônias, os costumes. Mais tarde, ficaram à mercê da memória. Resignação, obstinação, empenho não impediram, porém, que a memória esvanecesse e o saber falhasse. Segregados do resto do mundo judaico, desaprenderam a língua, esqueceram a liturgia, omitiram preceitos, negligenciaram hábitos. Como era impossível uma observância pública e ativa, a forma de vida judaica deu lugar a uma religiosidade íntima, marcada pelo sigilo, confinada à esfera privada e interior. O eclipse de uma tradição comum, que deveria assegurar um vínculo unificante, acabou por provocar, junto com a inevitável dissimulação individual, uma variedade de cultos.

Esvaziada, fragmentada, a religião dos marranos assumiu colorações diversas e se pluralizou.

Ainda assim, é possível divisar semelhanças familiares e precisar os traços característicos de uma teologia que, em sua dualidade constitutiva, foi cristã em alguns elementos e judaica por aspiração. O credo básico era sucinto e fácil de memorizar: a salvação está apenas na Lei de Moisés, enquanto o Messias ainda não veio. Repetidos centenas de vezes, nas câmaras de tortura, nas orações e nos cantos, nas iniciações dos filhos, nas fogueiras dos autos de fé, esses dois aspectos atingem o núcleo duro da teologia marrana. Com o tempo, substituíram a confissão de fé judaica, o *shemá Israel*, «escuta Israel». Que judeu estaria de fato preocupado com a própria salvação individual? Ainda por cima, com a alma separada do corpo? E quem imaginaria poder garanti-la apenas com a própria religião? Percebe-se, contudo, que a «salvação da alma», um anseio tão profundamente católico, não era uma fórmula sugerida pelo jargão dos inquisidores, mas respondia à aflição do marrano que sabia estar infringindo, nesta vida, a lei judaica e, de forma cristã, mirava um além onde a sua alma pudesse, quem sabe, ser redimida.

Mesmo o cerne da teologia era dúbio, dividido. O marrano reiterava até a morte, sem se entregar, conteúdos e intenções judaicas, mas dentro do universo conceitual católico contra o qual se rebelava e cujo significado, justamente com a sua oposição, acabava todavia por confirmar. A dissonância não era então o resultado contingente de um sincretismo fracassado; revelava em vez disso sua dualidade profunda.

Mas as intenções não podem ser subestimadas. Originado pela conversão à força, o marranismo foi também o desejo renitente de permanecer ligado à tradição judaica, de conservar um vínculo, mesmo que sutil.

Deus é uno – não pode ser trino. Os marranos carregaram consigo a mensagem do judaísmo para o mundo. Jamais aceitaram a doutrina trinitária, nem a da encarnação, consideradas formas de idolatria. Assim como consideravam idólatras as imagens que, nem sempre sem admirá-las, contemplavam nas igrejas. O que pesava não era apenas a proibição judaica das imagens, que não tinham esquecido. Forçados a simular, a respeitar a aparência, a maneira católica, detestavam a teatralidade, a encenação, o triunfo das imagens. Recolhiam-se em sua secreta intimidade, onde permaneciam fiéis ao Deus invisível. Para reforçar essa diferença fundamental, introduziram em espanhol, no lugar do corriqueiro *Dios*, que soava plural, o singular *el Dio*, que sem o «s» final evidenciava o dissenso e remetia à unicidade. Em latim, eles paravam no *gloria patri*. «No nome do Senhor, *Adonai*, amém» era o encerramento a que recorriam.

Voltados para si mesmos, encerrados em uma fé secreta, como praticavam a sua religião? O que havia acontecido com os ritos cotidianos e as festas em um judaísmo conservado só em parte, inadvertidamente modificado, misturado a costumes e temas cristãos, sobretudo empobrecido pelo perigo e pelo medo, mutilado e cheio de lacunas pela falta das fontes, cada vez mais atrofiado? O enfraquecimento da doutrina, entregue quase exclusivamente à transmissão oral, o esquecimento dos costumes, a incerteza crescente sobre como se comportar, fizeram com que a religião marrana se diferenciasse do judaísmo, mas não pelo acréscimo de hábitos. Na dúvida, era melhor abster-se. Prevaleceram as restrições e as proibições.

O vazio foi compensado com a renúncia. O importante era evitar toda a apostasia. Mas a recusa interior, que se opunha à forma católica, acabou por reverberar nos conteúdos judaicos. A negação traduziu-se então em uma espécie de privação, não sem antes ter sofrido a influência do conceito católico de sacrifício. Assim, a religião dos marranos foi um judaísmo por subtração. Multiplicaram-se os jejuns, enquanto tornou-se quase impossível celebrar as datas festivas. Por outro lado, dominava uma atmosfera de profunda tristeza, perda e desesperança. Os marranos sabiam bem que o seu judaísmo estava incompleto. Contudo, a precária observância dos preceitos induzia a um sentido agudo de impotência, uma humilhante frustração. Nada podia mitigar sua angústia provocada por aquela condição paradoxal: o criptojudeu, por mais esforços que fizesse, não conseguia ser realmente um judeu. Sentia-se em perigo porque se sentia culpado. Na dualidade constitutiva do marrano, o sentimento de pecado e culpa redobraram. Porque se somava a tudo isso o mal-estar em relação à nova fé a que ele tinha aparentemente aderido. Esse peso dúplice oprimia a existência do marrano que tinha escolhido a migração interior. Fosse um conceito judaico de culpa, um pecado original de cunho católico, ou uma amálgama de ambos, o único remédio parecia ser a expiação.

Quanto mais se aproximava o perigo de ser descoberto, mais o judaísmo era modificado e esvaziado. Com o passar dos anos, foram se dissipando também os últimos resquícios da liturgia. Por fim, apenas murmurado, restou somente *Adonai*. Na época da clandestinidade, diversas foram as fontes a que os marranos recorreram. Como não tinham acesso ao Talmude e os textos judaicos, mesmo em tradução, eram confiscados, concentraram-se no Antigo Testamento, que a Igreja mantinha em seu cânone bíblico, e tentaram tomá-lo ao pé da letra, interpretá-lo no contexto da sua trágica situação. Particular relevo foi atribuído aos salmos e aos livros dos profetas. Não faltaram estudiosos e rabinos que, desafiando os riscos, partiram de Tessalônica, Veneza, Marselha e de outras comunidades judaicas para entrar na Península Ibérica, levando consigo, além dos *sidurim*, dos livros de oração, também o seu saber. Embora possa parecer paradoxal, os decretos publicados pela Inquisição foram decisivos, neles eram coletadas as provas contra os «hereges» e os «judaizantes» condenados aos autos de fé. Crenças, práticas, costumes, até receitas – como a da *adafina*, prato apetitoso e complexo que era preparado para o sábado – foram conservados graças ao meticuloso zelo do Santo Ofício. Assim, a Inquisição se tornou, involuntariamente, uma espécie de escola de judaísmo. No entanto, dado que as informações eram muitas vezes imprecisas, os inquisidores acabaram sendo também inovadores, contribuindo para o desenvolvimento de uma religião peculiar.

Quando um cristão-novo descobria ser um criptojudeu? Quando era iniciado no segredo dos marranos, guardado com zelo e prudência na intimidade da família? Não era fácil encontrar uma solução para tal dilema. Se os filhos, educados como católicos devotos, aprendessem cedo demais o segredo, poderiam revelá-lo sem querer, colocando em risco a vida de todos. Se, ao contrário, demorassem demais, o catolicismo prevaleceria. Desse modo, como aparece em inúmeros testemunhos, foi escolhido o *bar mitzvá*, a data que, no fim do décimo terceiro ano, segundo o rito judaico, marca o ingresso na idade adulta. No caso dos cristãos-novos, tratava-se, porém, do ingresso na clandestinidade, de uma iniciação aos mistérios e aos cultos do marranismo. Era esse também o instante em que aos filhos era revelado o nome judaico que secretamente lhes era imposto na cerimônia do batismo. A iniciação devia ser um evento traumático. O filho ou a filha descobria não ser quem pensava que fosse ou que deveria ser: bons cristãos, simplesmente. Ao contrário, eram cristãos apenas na aparência, isto é, judeus escondidos, nem sequer judeus de verdade. Sua identidade era cindida, segmentada, fragmentada. A dilaceração ecoava no passado e lançava sombra no futuro. Exceto se traíssem, por sua vez, seriam obrigados a compartilhar o segredo e naquele segredo viver para sempre. A inadequação misturava-se à culpa, um sentimento pungente de revolta ao pedido de perdão.

Não é de se estranhar que, enquanto muitos ritos desapareciam, a começar pela circuncisão, enquanto inúmeras práticas eram esquecidas e datas comemorativas como *Rosh hashaná*, o Ano-Novo judaico, caíam em desuso, um sentido especial fosse atribuído ao *Kippur*. Os marranos, interpretando o termo judaico apenas por assonância, chamaram-no de *el día puro*, o dia puro, ou da purificação; era conhecido, porém, também como *ayuno mayor*, o grande jejum. *Quipur, antepur, equipur, cinquepur* – ainda que distorcido, o termo foi conservado por séculos, até o século XX, e foi um dos resquícios mais duradouros. Os marranos esforçavam-se para celebrar aquele dia solene de expiação jejuando, acendendo velas «para os vivos e para os mortos», recitando salmos, comentando as profecias messiânicas da Bíblia. Pediam perdão uns aos outros pelas ofensas infligidas e recebidas, conforme a tradicional prática judaica. Mas como pedir perdão pelo pecado que fendia a sua existência na origem, um pecado original de que não se libertariam? Como confessar a verdade se o engodo continuaria a se repetir? Como prometer não cair novamente no pecado, se eles sobreviviam na transgressão, se a sua vida era uma queda constante? Essa dualidade marrana, que afetava e comprometia o seu ser, não desapareceria nem mesmo depois de *Yom Kippur*.

Uma hora antes do pôr do sol ressoava a antiga e dramática melodia do *kol nidrei*. Os votos eram cancelados e as proibições eram removidas. Mas justamente essa cerimônia representava para os marranos o auge do tormento. No instante em que poderiam ser readmitidos na comunidade, eram obrigados a se autoexcluir, pedindo antecipadamente a anulação dos atos que seriam praticados no ano que estava por vir.

Consolavam-se lembrando que no judaísmo o pecado não é inextirpável. Não estavam talvez manchados de culpa os grandes protagonistas da história bíblica? Por que então os pobres marranos perderiam a esperança? Não tinha sido perdoado o rei Davi, de quem havia saído a dinastia do Messias? Ao contrário do cristão, nascido de uma pureza virginal, o Messias judaico provinha na verdade de uma ascendência bastarda.

Eles preferiam a figura de Ruth, a moabita que havia se ligado ao povo judeu: para eles, ela mostrava que as barreiras não eram insuperáveis e que um dia a união seria possível. Mas reconheciam-se principalmente na rainha Ester, que, escondendo a própria origem, obrigada por isso a violar a lei judaica, tinha salvado o seu povo do extermínio. Na história dessa marrana *ante litteram*, eles viam a premonição do seu destino. Irmã, mãe, «padroeira» – com um conceito de todo católico –, a rainha foi santificada, tornou-se *Rhaina Santa Ester*, conforme uma expressão portuguesa que sobreviveu por muito tempo. Justamente porque a audaciosa rainha inflamava a imaginação deles, infundia coragem, trazia conforto, o *Purim*, que parecia ter ligação com o *Kippur*, tornou-se uma extraordinária data festiva do ano, celebrada na primeira lua cheia de fevereiro (não no mês de *adar*, como deveria ser segundo o calendário judaico). Só que para os marranos não era uma festa: não tinham uma salvação, nem mesmo uma vitória para festejar. Seria disparatado entregar-se à embriaguez do vinho ou ao cômico jogo de máscaras – eles eram obrigados a se mascarar todos os dias. À espera de um milagre escondido, o jejum de Ester, que deveria ser observado durante o dia anterior, era prolongado por três dias de acordo com o relato bíblico.

Dentro dessa grande redução do calendário festivo, quem manteve um significado determinante foi *Pêssach*, a páscoa judaica, lembrança da libertação do Egito. Mesmo não dispondo mais da *haggadah* – o texto lido durante a cena ritual do *Sêder* –, os marranos celebravam-na com um particular fervor, levando ao pé da letra o preceito bíblico. Assim, conforme um costume que os judeus tinham abandonado havia tempos, comiam o cordeiro todo em pé, com o cajado na mão, prontos para sair a qualquer momento do seu Egito. A essa invenção acrescenta-se uma outra: o cozimento dos pães ázimos sem fermento, chamados de «pão santo», por associação com a eucaristia. Durante a preparação, um pedaço da massa era queimado – vestígio da prática religiosa judaica seguida pela *challah*, o pão do sábado. Com o tempo, o cozimento dos ázimos, que chamou a atenção dos inquisidores, tornou-se uma cerimônia não menos importante do que o *Sêder*.

Tentaram mudar as datas para evitar a fiscalização, submeteram a memória a um esforço extenuante e, quando ela não os socorreu mais, inspirando-se nos versículos bíblicos ou naquilo que dos antigos textos podiam ainda reevocar, inventaram novos ritos para substituir aqueles que os trairiam, compuseram orações em versos, dos quais não restam mais do que poucas dezenas de páginas. Confiada à tradição oral, a liturgia foi reduzida e simplificada; o hebraico deu lugar ao judeo-espanhol, ao castelhano, ao português, ao latim. Foram inúmeros os hábitos católicos retomados no ritual. Ajoelhavam-se em vez de ficarem em pé. Mesmo fugindo do martírio, honravam a memória de seus mártires, torturados ou lançados à fogueira, ou melhor, veneravam-nos, a ponto de torná-los quase santos cristãos a quem dirigir orações. Abandonaram todos os signos judaicos mais evidentes: os filatérios, a *kipá*, o *talit*. Mas continuaram a voltar o rosto na direção do oriente.

A recordação do *Shabat*, tido como central na vida judaica, nunca esmoreceu. Celebrá-lo, todavia, era um risco. Como abster-se do trabalho? Para isso, recorriam a todo tipo de expediente, sem no entanto conseguir observar essa prática pública, que os expunha ao perigo de serem facilmente reconhecidos. O *Shabat* acabou então confinado à intimidade e foi assim privado do seu valor político. Também aqui subtração, renúncia, sacrifício prevaleceram. Como não conseguiam mais seguir as regras alimentares da *kashrut*, e para dissipar as suspeitas eram obrigados a comer alimentos proibidos, o sábado tornou-se dia de jejum, dia de se abster da carne. Essa era uma reação católica, impensável no judaísmo. Foi para os marranos de Belmonte uma surpresa descobrir que os judeus comiam carne no *Shabat*. Por outro lado, o dualismo em que viviam obrigava-os a formas singulares de acordos e fusões. A religião dos marranos era constituída por pequenas ilhas de pureza em um mar de transgressão.

Às sextas-feiras, à noite, eles não pararam de acender velas para festejar o início do sábado. Talvez em um canto remoto da casa, em um porão ou em um sótão, disposta dentro de uma jarra, protegida dos olhares inquisidores, aquela luz, tão comprometedora quanto vinculatória, não se apagou nem mesmo nos tempos mais escuros da perseguição. Essa fidelidade explica o perpetuar-se de uma festividade secundária como *Chanucá*, que sobreviveu com o nome de «festa das velas». Dissociada até do sábado, tornou-se para os marranos um rito em si. Quando toda lembrança já havia se perdido, ocultamente, muitas vezes sem saber mais o motivo, continuaram a acender uma vela, símbolo indiscutível do marranismo.

No momento da morte, mantinham-se os ritos judaicos – ou ao menos se tentava. Após a inevitável extrema-unção, ao moribundo eram concedidos alguns poucos últimos instantes de sinceridade. Conforme uma reminiscência bíblica, os marranos costumavam expirar com o rosto virado para a parede. Era, no entanto, um legado da mitologia grega o costume bizarro de colocar na boca do morto uma moeda de ouro ou uma joia, que era o preço cobrado para atravessar o Jordão. Mas seguiam normas judaicas o ritual de lavagem e os dias do luto. Embora desejassem ser sepultados em um cemitério judaico, principalmente se lá repousavam os próprios familiares, isso quase nunca acontecia.

Marranos, que foram forçados a viver como cristãos, morriam como judeus renegados recitando o *shemá* ou apenas sussurrando o nome *Adonai*. No entanto, nas garras desse conflito dilacerante, conservaram um sentido de pertencimento à comunidade da diáspora e não abandonaram a esperança da libertação.

Teresa D'Ávila e o castelo interior

Com o passar do tempo, porém, ao lado dos marranos judaizantes, foram aumentando os *conversos* que tinham aceitado o cristianismo. E distinguiram-se ao menos dois tipos diferentes, se não opostos.

Movidos por um forte ressentimento, alguns esconderam a sua proveniência até reprimi-la nos outros, tornando-se vigilantes católicos ferozmente antijudaicos. O nome mais tristemente célebre é o de Tomás de Torquemada. Pioneiro do despotismo policialesco e da tirania burocrática, cruel e meticuloso, inaugurou um uso teológico-político do terror, assegurando um caráter legal à Inquisição. Trabalhou para afirmar a identidade cristã a todo o custo, uma identidade não fundada no sangue, mas celebrada com a água e, se necessário, reforçada com o fogo.

Por outro lado, houve *conversos* que, mesmo acolhendo com fervor a nova fé, mantiveram um dissenso, marca do seu passado marrano. Em vez de se assimilarem, mudaram o cristianismo. Encontraram abrigo sobretudo nos mosteiros, como o de Guadalupe, lugares afastados onde era mais fácil, evitando o latim e os rituais católicos, explorar o território da interioridade. Isso os aproximou dos marranos judaizantes.

A nova mística atingiu o auge na obra de uma mulher atormentada e irônica, radical e apaixonada, uma figura que escapa dos limites da sua época e parece hoje uma contemporânea.

Mas quem era Teresa de Cepeda y Ahumada, proclamada, além de santa, doutora universal da Igreja? Para responder é preciso voltar a uma história muitas vezes apagada – história cheia de sombras e angústias sobre *conversos* acusados de judaizar e que por isso foram publicamente humilhados. Quando a Inquisição se instalou em Toledo, em 1485, Juan Sánchez, fabricante de tecidos e *mercader*, foi processado por «crimes de heresia». No auto de fé que se seguiu, foi obrigado a passar pelas ruas da cidade com a esposa, Inés de Cepeda, uma *cristiana vieja*, e seus filhos, incluindo Alonso, de seis anos, vestindo um *sambenito*, o infame escapulário amarelo que marcava os marranos. Durante sete sextas-feiras, os «reconciliados» caminharam descalços, segurando enormes velas apagadas e pesadas cruzes, entre a zombaria e as invectivas da multidão. Após aquela lúgubre cerimônia, o *sambenito* ficou pendurado na igreja, com o nome do condenado, em sinal de desonra permanente. A família tinha perdido a *honra*, a reputação.

Juan Sánchez deixou Toledo, na época quase uma metrópole, para se refugiar em Ávila, uma cidadezinha a mais de mil metros na *meseta* castelhana. Comprou uma certidão falsa de *hidalguía*, que atestaria o sangue «limpo» da família, afastando a possibilidade de prisão e tortura. Ele continuou a vender seda e lã até que a peste de 1507 o levou. O filho Alonso tentou eliminar, juntamente com o infortúnio da morte do pai, também qualquer vestígio de judaísmo; casou-se em um segundo matrimônio com Beatriz de Ahumada, pertencente à pequena nobreza. Em 28 de março de 1515 nasceu Teresa, assim chamada em homenagem à avó paterna, Teresa Sánchez. O incômodo nome paterno judaico desapareceu, desbancado pelos sobrenomes católicos. A família dos Cepeda y Ahumada não estava, porém, acima de qualquer suspeita, já que em 1519 foi movido contra eles um processo fiscal em que voltou a aflorar o passado inapagável. É possível que a futura santa não soubesse de nada? O certo é que durante toda a vida ela seria afligida pela obrigação de *sustentar la honra*, de suportar o peso de um estigma.

Os irmãos migraram para o Novo Mundo, e o predileto Rodrigo embarcou para o Rio da Prata. Teresa, no entanto, à sombra monástica da Ordem do Carmo, mergulhou nos intrincados meandros da paisagem interior. Decisivo foi o tio Pedro de Cepeda, que, recolhido ao silêncio, introduziu-a na mística de um outro *converso*, Francisco de Osuna. Depois de um percurso pontuado por desânimos e entusiasmos, doenças e convalescenças, desorientação e mudanças, atingiu enfim, em 1555, o momento que os biógrafos chamam de «conversão». A vida contemplativa intensificou-se, enquanto se consolidava a ideia de reformar a ordem retornando ao Carmelo «descalço». Começou a épica peregrinação para fundar um mosteiro após outro. O que não a impediu de escrever.

O que aconteceu com o marranismo? Afasta-a dos cerimoniais pomposos, dos confortos da religião oficial, levando-a em direção a uma interioridade inovadora? É a tese de Michel de Certeau, que insere Teresa D'Ávila no radicalismo da tradição humilhada, a marrana dos «cristãos-novos», das almas divididas, permeadas por uma necessidade de intimidade recôndita. São muitíssimos os marginalizados – das *beatas* aos *alumbrados*, os de espiritualidade iluminada –, expoentes de uma *intelligentsia* que encontra abrigo nos mosteiros. A sua face «convertida» permanece sendo a máscara do judeu excluído. Assim observa de Certeau: «uma estranha aliança conjuga as palavras 'mística' e o sangue 'impuro'. O encontro entre duas tradições religiosas, uma impelida a um recolhimento interior, outra triunfante mas 'corrompida', permitiu aos cristãos-novos serem em grande parte criadores de um discurso novo, livre da repetição dogmática e estruturada, uma espécie de marranismo espiritual que contrapôs a 'pureza' interna à mentira 'externa'». Eis o motivo pelo qual esses místicos não recuaram diante das ruínas das Ordens corrompidas; em vez disso, entram para resolvê-las. No interior do cristianismo, articulam a experiência de um outro lugar. Entre meditação e poesia, são os percursos autobiográficos que permitem uma liberdade inesperada, no limite da loucura, para atravessar aquela «noite escura da alma», segundo o título do célebre poema de Juan de la Cruz.

Instada por seus confessores, Teresa D'Ávila também escreve. Começa com o *Livro da vida*. Então escreve mais, até sua obra-prima *Las Moradas*, ou as moradas, conhecida também por *El castillo interior*. O castelo é uma ilha imaginária, uma «morada emprestada», para onde a alma pode se deixar levar, onde encontra espaço a palavra que não tem lugar para se fazer entender. A escrita parece favorecer a autoridade masculina dos *letrados*, os literatos eclesiásticos que traçam os seus limites, revisam, corrigem, para que não extravasem a moldura católica. Exige-se *obediencia*. Mas, paradoxalmente, Teresa pode obedecer apenas desobedecendo, pois a palavra, por sua origem e destino, ultrapassa-a. É sua e não é sua. Escreve por isso seguindo a voz dessa palavra compartilhada, que provém do seu círculo, que se desprende de um entre – entre mulheres – e que em sua dúplice diferença, feminina e marrana, não pode deixar de infringir e contaminar o universo católico. De outra maneira, deveria calar-se. Mas ela prossegue, mesmo sabendo que a Inquisição a vigia, está de olho nela.

No «castelo encantado», atópico e poético, que em seu nada se contrapõe à autoridade real, alternam-se memórias apocalípticas da Jerusalém bíblica e imagens messiânicas do retorno. Diamante e cristal refletem a luz desse espaço interior onde o outro fala *por mí*, por mim. O diálogo da alma segue a trilha socrática, mas desemboca em uma duplicidade e em uma alteração: o outro mora no eu, o eu no outro. Nenhuma identidade integral. Você é o outro de si mesmo. Inclusive na união mística a separação entre o eu e o si mesmo é inelutável. Mais ainda, é graças à separação que a alma pode hospedar, pode arranjar lugar para o outro infinito. Essa é a descoberta das Índias de Deus.

Não se deve subestimar o significado político do castelo, baluarte contra todo auto de fé. Com a prática ininterrupta das perguntas, até chegar à tortura, a Inquisição presumia conseguir acessar o eu mais íntimo e secreto, que, uma vez descoberto, podia ser desnudado e punido publicamente. Teresa D'Ávila apontava para um eu inacessível inclusive a si mesmo, habitado pelo outro, infinitamente outro, e por isso sagrado, que era preciso defender e resguardar. Toda a mística marrana é uma resposta à violência dos inquisidores.

«Válete por ti!»

Mas era mesmo preciso escolher entre judaísmo e cristianismo? Debater-se dentro dessa alternativa tão penosa? Muitos marranos – talvez a maioria – procuraram uma outra via de fuga e abandonaram toda e qualquer religião. Foram os primeiros judeus seculares e, em grande parte (visto que os gregos eram pagãos), foram também os primeiros ateus que, no alvorecer da modernidade, ousaram se apresentar no palco da história.

Ser secular não quer dizer necessariamente ser ateu. Mas no período em que o fenômeno do marranismo se intensificou, a religião foi perdendo a centralidade que tinha antes. E com ela todos aqueles anseios por uma salvação no além, sacrificar a vida, sofrer os tormentos, acabar na fogueira.

Por que cargas d'água? Quem mandava fazer isso? A autoridade foi destituída, enquanto o eu interior tornou-se um tribunal alternativo em que o marrano, antes mesmo de cada processo, absolvia-se a si mesmo, repudiando toda a fé, libertando-se de todo o vínculo. A tensão extrema entre judaísmo e cristianismo contribuiu para fazer surgir uma indiferença crescente pela religião. Nem judeus, nem cristãos, esses *conversos* encontraram saída justamente na dupla negação – nem-nem – que, graças à sucessiva diáspora marrana, produziria efeitos decisivos no pensamento filosófico.

Naquele primeiro momento não se tratou de meditações profundas e complexas. Ao contrário, a escolha foi ditada por uma oportunidade prática, em conjunto com uma exigência de libertação e um desejo premente de viver a existência no mundo de cá, em vez de ficar se preocupando com aquele de lá. O que não significava proclamar-se ateu ou agnóstico. Tanto é que era indispensável deixar bem escondidas ideias desse tipo, que, aos ouvidos dos inquisidores, soavam até mais heréticas e perigosas. Não poucos *conversos*, além disso, começaram a pensar que todo o mundo tinha o direito de seguir a própria fé e não faltavam sinais de deísmo, a afirmação de um Deus sobre bases racionais.

O que perturbou os acontecimentos, no entanto, foi a irreligiosidade. O eclipse da transcendência marcou o início da imanência. A vida terrena, entre o nascimento e a morte, tornou-se a única arena onde cada um poderia provar as próprias capacidades desafiando a sorte. «Não existe outro paraíso além do mercado de Calatayud», assim um *converso* resumia a sua nova crença à Inquisição. E essa crença ecoa também em outras declarações. Um certo Juan López declarou, provocador: «Digam o que quiserem, não há outro Deus senão o dinheiro». E um outro, Gonzalo del Rincón, sentenciou: «Vocês não veem? A única lei que conta, neste mundo, é a do lucro: quem tem posses é respeitado, quem não tem é marginalizado». Se é preciso ressaltar aqui o estereótipo do judeu que, se não louva a Deus, adora Mamom, tais testemunhos atestam contudo uma tendência que estava se firmando, um interesse cada vez mais pronunciado pela realização do indivíduo, pela própria carreira, pelo próprio sucesso.

Se religião, em um dos seus valores etimológicos, significa manter junto, unir, a irreligiosidade foi provocada, entre outras coisas, pelo enfraquecimento do vínculo com a tradição, devido também ao fragmentar-se das comunidades. O marrano secularizado e imanentista, no fundo, não fazia outra coisa que tomar conhecimento dessa sua nova existência, pela qual, apartado da sua tradição sem poder integrar-se a uma outra, estava entregue a si mesmo, ao próprio juízo, às próprias escolhas.

Solidão, tristeza, desânimo ofuscam um universo agitado por forças impetuosas, como o que aflora na tragicomédia *La Celestina*, atribuída ao *converso* Fernando de Rojas e publicada de forma anônima em 1499. Só a paixão erótica parece conservar ainda algum sentimento de insatisfação, em um mundo condenado a permanecer irredimível.

Contudo, é *Lazarillo de Tormes*, o menino marrano, o marrano menino, quem imortaliza a dura experiência dos *conversos* espanhóis. Arquétipo da literatura picaresca, em cuja inédita forma biográfica se reflete aquele eu interior recém-descoberto, o romance apareceu anônimo em Burgos no ano de 1554 e foi proibido pela Inquisição em 1559. O protagonista não é um cavaleiro, nem um herói. Pelo contrário, é um anti-herói que nada sabe sobre honra e nobreza. Poderia ser colocado entre os pícaros, os astutos personagens populares que, entre trapaças e tramoias, precisaram aprender a se virar sozinhos, não fosse o fato de que Lazarillo é diferente deles também. Órfão de um pai que «sofreu perseguições pela justiça», *por la justicia*, abandonado por uma mãe falada, amante de um mouro, o menino passa de um amo a outro – um cego, um padre, um escudeiro – e, entre fome, surras e abusos, luta somente para sobreviver. Com uma linguagem irônica, ainda que crua, sugestiva, quase esotérica, o romance capta o grito desesperado de Lázaro e articula o imperativo resignado da mãe, que é ao mesmo tempo um protesto e uma denúncia: *válete por ti*. «Filho, sei que não verei mais você. Procure ser bom e que Deus o guie. Eu criei você e depois entreguei a um bom amo. Faça-se sozinho».[2] O caminho de Lazarillo prossegue agora sem mãe, nem comunidade, nem tradição.

2   Anônimo, *Lazarillho de Tormes*. Tradução de Pedro Câncio da Silva. São Paulo: Página Aberta; Brasília: Consejería de Educación de la Embajada de Espana, 1992. (Coleção-Collección Orellana). [N. T.]

Um insulto e a sua rocambolesca história

Não há dúvidas de que «marrano» tem um valor pejorativo. Qual será, porém, a origem de um vocábulo tão bizarro? Foram aventadas infinitas hipóteses: do castelhano *marrar*, errar, ao aramaico *marantha*, pessoa excomungada, do jogo de palavras do hebraico *mar*, amargo, e *anus*, convertido, ao árabe *mura'in*, hipócrita, ou *barran*, estrangeiro, ou enfim *mahram*, coisa proibida. Essa última etimologia parece a mais aceita. Mas as elucubrações poderiam prosseguir.

Isso pelo menos é certo: o termo espanhol *marrano* era usado como sinônimo de porco para estigmatizar, escarnecer, insultar os *conversos*. O insulto, que já devia circular antes, foi em seguida empregado para os judeus batizados à força, que continuavam sendo pérfidos e traiçoeiros. Um marrano é um maldito, *sin fe*, sem fé. Na terrível ofensa ao mal convertido, equiparado ao *cerdo*, ao porco, ressoam, porém, acusações novas, ameaças veladas.

A abstenção da carne de porco, que segue um preceito bíblico, devia parecer, a quem olhava de fora, o traço mais marcante dos judeus. Esse traço acabou se transformando em estigma. Como se dissesse: «vocês que se acham puros, porque não comem o animal impuro, não passam de porcos». A zoomorfização do humano, infelizmente, era já uma prática difundida. Mais do que o cão, do que o macaco ou outro animal, era o *cerdo* que qualificava esses imundos de fé judaica que contaminavam e manchavam os puríssimos e legítimos cristãos. E faziam isso judaizando, ou seja, mantendo antigos hábitos, até mesmo na repugnância por aquela carne. Eis então como reconhecer um *converso*, como desmascarar um marrano. Inútil acrescentar que dessa forma não seria tão incômodo livrar-se de bichos imundos.

O escárnio popular foi se espalhando até que em 1380 João I de Castela o proibiu, sob pena de multa ou reclusão. Evidentemente, «marrano» devia ser uma ofensa pesada. Mas a interdição teve pouca utilidade. Se leis e documentos oficiais, onde o termo não ocorre, prefeririam falar de *conversos, confesos* ou *cristianos nuevos*, é apenas porque, quando declaram o extermínio, simulam neutralidade.

Da Península Ibérica o termo emigrou perseguindo os cristãos-novos na diáspora. Exótico demais, não teve, porém, muita sorte em outros países, com exceção da Itália, onde o primeiro significado para «imundo» – de algo que não era mais transparente – logo sumiu. A injúria permaneceu para marcar os convertidos que não eram nem judeus nem cristãos, mas apenas, de fato, marranos. Assim eram chamados pelo povo, pelos cronistas e historiadores, até pelos filósofos e escritores, como Maquiavel em *O príncipe* (XXI). O marrano assumiu então uma acepção diferente: era o traidor, o mentiroso, o herege. O que para os italianos, propensos a não criar muito caso sobre questões de fé e moral, não era tão grave. Essa palavra tão espanhola foi estendida, por ironia do destino, aos espanhóis, que não sabiam como se livrar dela. Justamente eles, que tanto se esforçaram para castigar os verdadeiros marranos, vigiando-os com santos inquisidores e erguendo fogueiras, eram colocados no mesmo saco! Uma vez esgotado o azedume contra os opressores espanhóis, na Itália o termo «marrano» indicou apenas traidor, velhaco e bravateiro, o «carente de fé»,[3] como se lê nos versos de Ariosto. Assim, nos poemas épico-cavaleirescos, o marrano era aquele que não respeitava as leis da educação e as promessas, o rude, o vilão, o «vil marrano» – injúria que o condutor Francisco Ferrucci endereça, antes de ser covardemente assassinado, ao capitão da empreitada Fabrizio Maramaldo. Eis por que o termo, em suas variantes – compreendida a interjeição *marameo!*, ou seja, «você não me engana!», «você não me faz de bobo» –, podia ser dita inclusive para um filho rebelde. Isso explica a diferença entre o italiano de um lado, o espanhol e o português de outro, onde se refuta o termo «marrano», ainda evidentemente ofensivo.

Se até alguns anos atrás prevalecia o uso de «criptojudeus», *crypto-Jews*, uma forma que parecia mais *politically correct*, hoje volta-se a dizer «marranos», seguindo, talvez inconscientemente, aquela reivindicação exposta com orgulho por Roth, que escreveu: «A palavra exprime sucintamente e de modo inequívoco toda a profundidade do ódio e do desprezo que o espanhol comum nutria em relação aos neófitos insinceros, pelos quais se sentia rodeado. Deve-se à constância revelada por esses

3   *Mancator di fé.*

últimos e pelos seus descendentes se o termo, com o tempo, mudou seu significado, libertando-se da antiga conotação insultuosa e adquirindo uma certa aura de lenda.»

O arquipélago planetário
e a Nação anárquica

A partir dos anos seguintes à grande expulsão, os marranos tentaram fugir por terra e, principalmente, por mar. Mas um decreto após outro dificultava-lhes a partida: suas almas ficariam à deriva e – motivo talvez mais convincente – os seus bens seriam confiscados. No entanto, as crônicas da época descrevem os portos ibéricos apinhados de refugiados marranos prontos para embarcar no primeiro navio até chegar à costa do norte da África, às cidades italianas ou, melhor, ao Império Otomano, onde poderiam abertamente voltar para o judaísmo.

Teve início assim a diáspora marrana, que se estendeu por três séculos, atingindo o auge em torno de 1680. Com o tempo, as rotas foram se multiplicando, enquanto os destinos se tornavam cada vez mais distantes, incertos, extremos. Não mais apenas o Mediterrâneo ou o Mar do Norte. Partiam de Lisboa e de Sevilha em direção às duas Índias – ocidentais e orientais – que na imaginação europeia representavam as fabulosas linhas de fuga do Novo Mundo. Por outro lado, o que ainda tinham para temer depois de tudo o que haviam sofrido? À necessidade de liberdade acrescentavam-se a busca por uma outra vida, o desejo por outras oportunidades, mas também um certo espírito de aventura, um irrefreável anseio de explorar o desconhecido.

Não existiam marranos nas embarcações dos primeiros exploradores? Até mesmo naquelas de Cristóvão Colombo? A descoberta da América foi um feito em grande parte marrano. Porque quem levou a sério o sonho semimessiânico daquele genovês singular, que se dizia judeu, foram os *conversos* aragoneses. E nas caravelas há não poucos judaizantes: Alonso de la Calle, Rodrigo Sanchez, Mestre Bernal e um tal Luis de Torres, intérprete de bordo que, sendo o primeiro a colocar os pés em solo americano, experimentou talvez o seu hebraico com os índios nativos.

Distâncias imensas foram percorridas, os confins mais remotos foram superados. Mercadores e mártires, rabinos e poetas, médicos e aventureiros, exploradores e revolucionários, sonhadores e hereges foram protagonistas de uma aventura que marcou época, uma viagem para o ilimitado, a partir da qual foi se desenvolvendo uma intricada rede de conexões. Veneza e Antuérpia, Tessalônica e Madeira, Bordeaux e Curaçao – embarcações iam e vinham de um porto a outro em ritmo acelerado. Em pouco tempo se tornaram acessíveis também baías e enseadas brasileiras que se ramificavam em dois caminhos: um seguia a costa venezuelana em direção às ilhas caribenhas, o outro, mais difícil e arriscado, passando pelo Rio da Prata, além de levar às infindáveis planícies argentinas, permitia adentrar a paisagem amazônica até chegar à lendária Potosí. As conexões se sucediam. 1570 é uma data simbólica, quando as primeiras embarcações saídas de Macau, província portuguesa do além-mar, aportaram na colônia espanhola de Manila. Pode-se dizer que se havia então realizado uma forma inicial de globalização.

Naquele alvorecer da modernidade, os contatos eram, no entanto, esporádicos e intermitentes. Nada protegia das mil ameaças de toda travessia, dos perigos de cada expedição. Ainda não existia o capital, com o seu poder anônimo e as suas regras de troca; faltava um sistema de garantias. Quem podia impedir que, depois de entregar a mercadoria, o destinatário não se apropriasse dela impunemente? Quem ressarcia o prejuízo em caso de naufrágio? Mesmo sendo muito lucrativo, o comércio de longa distância era um enorme risco. Raramente proprietários de navios ou de suas cargas, os marranos faziam a triagem dos produtos. Em Gênova, assim como em outros grandes portos, de Hamburgo a Livorno, vendiam seda, azeite, vinho, arenque, grãos, fruta seca, e compravam açúcar, cacau, tabaco, especiarias, diamantes, importados da Companhia das Índias Orientais. Alguns deles envolveram-se no incipiente tráfico de escravos, bem como em pirataria, conforme a ideia difundida do comércio que, fora das fronteiras europeias, escapava a qualquer moral.

Como era possível então ser bem-sucedida a troca entre mercadores que, a milhares de quilômetros de distância, não se conheciam, talvez nunca tivessem se visto? Se os outros careciam de crédito, os marranos, envoltos pela suspeita e pela desconfiança, acusados de serem desleais, tiveram de aprender a confiar uns nos outros. Aquilo que permitiu a extraordinária rede de conexões foi a confiança recíproca, herança preciosa de um vínculo fraterno desenvolvido na clandestinidade forçada.

O que não quer dizer que não surgissem conflitos ou que golpes e fraudes não existissem. Mas o que prevalecia era uma solidariedade ainda mais necessária, enquanto os inquisidores não interrompiam a sua incansável caçada. Os marranos, porém, carregavam consigo os seus múltiplos nomes e a prática consolidada de passar subitamente de uma identidade a outra. Moshe Abensur percorria os portos bálticos com o nome de Paulo Millão, Abraham Isaac com o de Diogo Teixeira, Michael Beira com o de Luis Franco. Por isso vários conseguiam inclusive regressar à Península Ibérica. Como identificá-los? Também para eles a alternância entre um nome e outro havia se tornado corriqueira, sem que prevalecesse o nome judaico, espanhol ou português. Um *converso* de Tolosa podia dirigir-se a um judaizante de Ancona, a um livre pensador de Londres, a um cristão novo da Antuérpia, convencido de que a sua carta seria entendida e a sua demanda na maioria dos casos considerada. A rede de ligações era heterogênea e por isso admitia dentro dela indivíduos muito diferentes, com suas histórias emaranhadas, suas atormentadas escolhas.

A palavra «diáspora», retirada da história judaica, não corresponde à dispersão dos marranos. A diáspora tem um eixo em torno do qual girar.

Por mais potente que permanecesse ao longo dos séculos o mito da antiga *Sefarad*, não era certamente aquela terra o lugar a que os marranos aspirassem voltar. Seus movimentos eram centrífugos, suas rotas múltiplas e variadas. Yovel foi quem sugeriu a imagem da constelação: no decorrer das décadas, algumas estrelas (Antuérpia, Ferrara, o Brasil holandês) vão se apagando, enquanto outras (Amsterdã, Livorno, Tessalônica) adquirem seu esplendor, acompanhadas por inúmeros satélites e cometas. No entanto, mais adequada parece a metáfora do arquipélago: ilhas espalhadas, a um só tempo divididas e unidas pelo mar, que mostram entre si uma afinidade diferente a cada vez.

O que podiam ter em comum marranos que moravam na Alemanha ou no México, na Bulgária ou nas Bahamas, em Damasco ou em Buenos Aires? Falavam português, escreviam em espanhol, sabiam um pouco de italiano, lembravam-se de algumas palavras em hebraico. Eram os primeiros migrantes da modernidade, destinados a não ter mais pátria. Como o seu eu estava cindido, assim também eles estariam separados para sempre de todo lugar.

O arquipélago dos marranos mereceu todavia um nome. Foi chamado em português de *Nação*. A etimologia de «nação» remete ao nascimento e indica uma origem comum. Bem antes de se curvar aos propósitos do nacionalismo, o termo era usado nas universidades italianas para diferenciar os estudantes: os de Pádua, Siena, Urbino, Nápoles, e outras cidades. De modo análogo, designava nas praças comerciais as colônias mercantis: Bruges, Hamburgo, Gênova. Em um documento assinado na cidade de Antuérpia em 1511 aparece pela primeira vez a expressão «nação portuguesa». Tratava-se de uma licença concedida a comerciantes de Lisboa, «cristãos-novos» judaizantes. A expressão, talvez naquele tempo já difundida, apareceu cada vez mais frequentemente, com algumas variações: «nação portuguesa e espanhola», «portugueses da nação judaica», «portugueses da Nação», «gente da Nação», ou simplesmente *Nação*. Os termos «português» e «judeu» foram sendo sobrepostos até se tornarem sinônimos – confirmando que, aos olhos dos outros, os portugueses eram considerados marranos. Porém, que sentido *Nação* podia ter?

Surgida antes que os estados nacionais se estabelecessem, a *Nação*, em sua amplitude – que não coincidia com o povo judaico – era uma forma política inédita, excêntrica e paradoxal sob muitos aspectos. Não apenas não exibia uma estrutura estatal, como não podia sequer reivindicar um território, tampouco fronteiras. Ao contrário, os membros da *Nação* estavam espalhados pelos quatro cantos do mundo. Os traços que a caracterizavam eram, portanto, a dispersão e a mobilidade. Impossível dizer, dessa forma, quem a comandava, qual era a sede da soberania. Aliás, mesmo permanecendo unida, não tinha um soberano. Embora aqui e ali houvesse quem provisoriamente aconselhasse, dispusesse, vigiasse, a marca da *Nação* era anárquica.

Seus membros estavam ligados por vínculos nada óbvios. O critério do nascimento não era válido, já que nem todos mais provinham da Península Ibérica, tendo nascido em outros lugares; nem podiam se valer de uma descendência étnica, pois sabiam bem que estavam misturados aos espanhóis, portugueses, italianos, holandeses, ingleses e assim por diante em relação a todos os povos com quem conviviam. Consideravam-se pertencentes à *Nação* não por uma ligação identitária, que não tinham, mas pelo estigma que os havia tornado o outro do outro, pela suspeita que os perseguia em toda a parte. Era a história que os acomunava, assim como a lembrança do seu segredo, que não os abandonava, mesmo em suas múltiplas diferenças. Criptojudeus, cristãos-novos, agnósticos, todos eram moradores daquele variado arquipélago que, embora os marranos fossem chamados *homens de negócios*, não podia ser reduzido a um eficiente *global network*.

Nesse sentido, testemunhos preciosos são os estatutos de uma irmandade em Amsterdã, redigidos em 1615: a *Santa Companhia de dotar orfans e donzelas pobres*. A intenção era ajudar os órfãos da *Nação*, em particular as meninas pobres que moravam em Saint-Jean-de-Luz, em Danzica, e em outras cidades, sem um limite geográfico. Também naqueles lugares onde, para sobreviver, era necessário ser cristão-novo. O critério não era, portanto, a *halakhah*, a observância dos preceitos, mas a secreta fidelidade. Bastavam: «a crença na Unidade do Senhor do Mundo e conhecimento da Santíssima Lei, sejam circuncidados ou não, vivam no judaísmo ou fora dele.» O dever estava na memória de uma lei que, mesmo não sendo praticada, permanecia viva, e com um Deus único.

Judeus graças a uma memória ancorada no futuro, divididos entre ritos, tradições e línguas, estrangeiros residentes, exilados em toda a parte no arquipélago, os marranos estavam unidos pela *Nação*, esse primeiro projeto messiânico mundial.

Os «novos judeus»
Entre Livorno e Amsterdã

Saídos da «terra da idolatria», depois de angústias indescritíveis, terríveis sofrimentos, os marranos podiam retornar à fé dos pais. Regressavam então à Europa ocidental onde, naquela época, início dos anos 1500, quase não viviam mais judeus. A Inglaterra os havia expulsado em 1290, a França em 1306 e novamente em 1394, a Alemanha ao longo do último século. Assim também fizeram diversas cidades italianas. Aos poucos foram formando novas comunidades, enquanto as antigas retomavam a vida.

Foi em tal contexto que veio à luz um singular, inesperado fenômeno. Os marranos, que viveram tanto tempo no exílio ibérico, mantendo a fé na Lei de Moisés, tornavam-se novos judeus, depois de terem sido cristãos-novos. No entanto, certamente eram «novos». Mas judeus?

O impacto foi traumático. Esses imigrados eram verdadeiros idólatras – sem que o soubessem. E, uma vez conscientes disso, a sua reação era imprevisível. Alguns decidiam permanecer cristãos, outros procuravam remédio aprendendo o hebraico, estudando o Talmude, alguns eram atraídos pela comunidade, mas rejeitados pela observância dos preceitos, outros ainda «marraneavam». Como acontecia em Veneza: um dia estavam dentro do gueto com os outros judeus, um dia estavam fora, misturados aos cristãos.

Os novos judeus agora olhavam de fora para a tradição judaica, que, por isso, lhes parecia interrompida, despedaçada. Não era mais aquele leito homogêneo, em que podiam sentir-se incluídos desde sempre. Tudo aquilo que tinham aprendido ao longo dos anos e das décadas, aquilo que, mesmo inconscientemente, eles haviam se tornado, não podia deixar de ter repercussão. Aquele mesmo olhar crítico, com que haviam aprendido a escrutinar dentro de si, voltava-se para fora, como que para decidir se aceitavam ou refutavam aquela tradição, em que medida e de que maneira. A estranheza não diminuía com o retorno e tinha apenas mudado de direção. Os novos judeus – velhos marranos – descobriam ter se tornado inexoravelmente modernos.

Desenhou-se um marranismo especular, que dessa vez esquartejava o mundo judaico. Os rabinos estavam sufocados por questionamentos de todo o tipo, com os quais mal conseguiam lidar, enquanto os *parnassim*, os dirigentes laicos, começavam a aguentar de má vontade aquela ambivalência que ameaçava as comunidades. O dissenso tácito ainda era tolerado; mas o aberto, até mesmo conceptualizado, não podia deixar de soar como uma provocação. As vítimas foram intelectuais, livres pensadores, filósofos como Gabriel (Uriel) Costa, Juan (Daniel) de Prado, Baruch Spinoza. Se Prado foi o primeiro judeu não ortodoxo, Spinoza elevou a resistência dos marranos a categoria filosófica.

As repercussões foram evidentemente diferentes conforme o lugar e as circunstâncias. Se as crônicas contam que não havia cidade italiana onde não tivessem se reunido muitos «portugueses», foi, porém, Ferrara que primeiro abriu as portas aos refugiados. A partir de 1530, tornou-se assim destino predileto dos marranos que podiam voltar livremente para o judaísmo; mais tarde, no entanto, quando a pressão contrarreformista começou a ser percebida, todas as liberdades foram extintas. Muitos marranos foram jogados na prisão. Três deles, tidos como os mais culpados, foram enviados a Roma em 1583 para um auto de fé. A Inquisição levou-os à morte e decidiu jogá-los na fogueira. Joseph (Abraham) Saralbo, conhecido também como Gabriel Henriques, passou corajosamente pelas vielas sem baixar a cabeça e foi lembrado como mártir. Queimaram-no naquele mesmo lugar em Campo de' Fiori, onde alguns anos mais tarde Giordano Bruno seria queimado vivo. Nenhuma lápide, porém, em sua memória.

Se em Veneza, entre as múltiplas vicissitudes, desde a coexistência de judeus italianos, asquenazes e sefarditas, espocou uma comunidade multifacetada, foi Livorno, porém, a cidade marrana por excelência. Não apenas pela assim chamada *Livornina*, documento de 1591 com o qual o grã-duque de Toscana acolhia os novos imigrados, mas porque sem uma comunidade pré-existente, e sobretudo sem gueto, os marranos imprimiram à cidade características de abertura e liberdade.

Não se sabe quando os primeiros marranos atingiram as margens do Amstel. Mas já no início do século XVII Amsterdã havia se tornado a «Jerusalém do Norte». Milhares de perseguidos haviam encontrado refúgio. Devido àquela generosa hospitalidade em um território roubado às águas, a cidade teve em troca uma inesperada idade do ouro e se tornou uma metrópole cosmopolita. Os comércios prosperaram, multiplicaram-se as trocas, as artes floresceram. Os sefarditas, que tinham reencontrado a liberdade de culto, logo foram considerados a elite judaica da Europa. Rembrandt os imortalizou em suas pinturas, refinados, melancólicos, orgulhosos. Na verdade, são as poucas imagens que restam dos marranos. Destaca-se particularmente o retrato de Menasseh ben Israel, o rabino infeliz, com quem o pintor compartilhava uma visão marcada pelo messianismo.

Centelhas messiânicas

A expulsão pareceu provocar um trauma semelhante àquele de Auschwitz. A catástrofe aparentava ser ainda mais grave por causa da conversão de muitos *anussim*, uma perda enorme para o povo judaico. A desorientação foi tal que fez princípios seculares vacilarem. Era preciso esclarecer aqueles obscuros acontecimentos e tentar entrever naquela noite histórica o alvorecer de uma nova libertação.

Desenvolveu-se assim o que Gershom Scholem chamou de «grande mito do exílio». A preocupação em decifrar aquele enigma repercutiu também na mística. A *Kabbalah* uniu-se ao messianismo e se abriu, como nunca havia ocorrido antes, a vastos extratos populares. Se antes havia sido o mito do início, voltado a explicar uma criação permeada por motivos apocalípticos, agora passou a interpretar o seu fim. Tudo foi reconsiderado à luz do exílio. Mesmo a criação não era outra coisa senão o exílio de Deus, que se retirou para dar lugar ao mundo. A partir desse grande drama cósmico, dessa ruptura originária, dessa dispersão de centelhas divinas, seria possível desencadear a reparação. Somente o exílio teria permitido o retorno.

Da cosmologia passou-se à política. O próprio messianismo, que havia proporcionado a abertura para a conversão, foi recuperado e relançado em uma nova filosofia da história. Yitzhak Abrabanel narrou acima de tudo a saga dos acontecimentos que ele próprio viveu. «O povo ouviu esta terrível notícia [o decreto de expulsão]; onde quer que tenha chegado a palavra do rei e o seu decreto gerou grande luto [...]. E caminharam desarmados, trezentas mil pessoas a pé, integrantes daquele povo de que faço parte, jovens e velhos, mulheres e crianças, que partiram em um só dia de todas as províncias do rei. Alguns chegaram ao reino de Portugal e ao de Navarra, os mais próximos. E eis que tudo era miséria sombria e trevas sem fim. Foram vítimas de provações numerosas e cruéis, da rapina e da destruição, da fome e da peste. Outros tomaram o caminho do mar e viajaram através das águas impetuosas e lá também a mão do Eterno se abateu sobre eles para extraviá-los e destruí-los. Porque muitos dos nossos filhos foram abandonados à desolação e vendidos como escravos e servos em todos as terras dos gentios. Muitos se afogaram no mar, afundaram como chumbo no seio das águas potentes. Outros ainda atravessaram fogo e água, pois os barcos queimaram e o fogo do Eterno se alastrou sobre eles».

Todavia, Abrabanel não se limitou ao relato, pois em uma trilogia messiânica, escrita entre 1496 e 1498, colocou na desventura extrema, no fim apocalíptico, o início da libertação dos oprimidos e dos exilados. A hora havia chegado. Mas antes o messianismo precisaria se tornar uma herança universal. Para isso, a dispersão era imprescindível.

Foi Menasseh ben Israel quem retomou o tema em seu livro *A esperança de Israel*, publicado em 1650. Do além-mar chegavam notícias espantosas. Retornando das Américas, em 1642, Antonio de Montezinos, vulgo Aaron Levi, afirmava ter se deparado com índios que recitavam o *shemá*, a oração judaica. Deviam ser descendentes da tribo de Rubem. Era a prova tão esperada: a diáspora judaica havia tocado todos os cantos do planeta. Sinal da iminência dos tempos messiânicos. Essa descoberta, no Novo Mundo, era o pretexto para anunciar o retorno dos judeus àquele Velho Mundo, convertido ao Estado-nação, onde não parecia mais haver lugar para eles, como a experiência dos marranos havia demonstrado. Mas retornavam para mudar o cenário político.

Se a trilha aberta por Menasseh já estava voltada para fora, toda interna ao judaísmo foi a aventura de Shabbetaj Tzevi, o pseudomessias, capaz de suscitar uma efervescência messiânica que agitou e inquietou as comunidades europeias e mediterrâneas. A sua conversão ao islã e depois a sua morte provocaram um enorme desconcerto. Mas o messianismo continuou sendo uma característica peculiar do mundo marrano e certamente foi a fonte de um pensamento político radical.

Spinoza, a democracia, a liberdade do segredo

Em 27 de julho de 1656, Bento Spinoza, registrado sob o nome judaico de Baruch, foi expulso da comunidade judaica de Amsterdã. Tinha vinte e quatro anos. O banimento, ou *chérem*, é lido na sinagoga do Houtgracht dos *parnassim* reunidos no *ma'amad*, o conselho composto pelas autoridades laicas. Circunstâncias e motivos do *chérem* permanecem enigmáticos sob muitos aspectos. Reside também aí o fascínio exercido pela figura de Spinoza, pela sua história, pelo seu pensamento. Quando decidiu deixar Amsterdã em 1660, produziu-se uma cisão irremediável, que sancionou o início da idade moderna. Spinoza foi não apenas o primeiro judeu secular, mas também o primeiro intelectual da modernidade secularizada. Ao contrário de outros hereges e dissidentes que, como Uriel da Costa, escolheram permanecer dentro da comunidade judaica ou passar para uma outra religião, Spinoza aventurou-se na terra desconhecida da secularização. Longe do judaísmo rabínico, não abandonou a «nação judaica» no exílio. Foi considerado e considerou-se sempre judeu. O que teria inevitáveis repercussões sobre o modo de compreender a identidade judaica.

Pessoalmente envolvido na diáspora sefardita, vindo de uma família portuguesa acuada e perseguida, Spinoza introduziu o marranismo no pensamento da modernidade ocidental. Quem mais, senão um marrano, poderia conceber de modo radical a democracia em sua indissolúvel conexão com a liberdade? O *Tratado teológico-político* é um ato de acusação contra o poder totalizante que, além de ser exercido sobre os corpos, tem por objetivo controlar as ideias, sondar as intenções, extrair o mais íntimo segredo. Quem toma a palavra não é o astro nascente do *Keter Torá*, a escola talmúdica, muito menos o herege maldito, mas sim o filho de criptojudeus que reencontraram a liberdade.

O que escreve então Spinoza na solidão de Voorburg? Ele segue um caminho regressivo, retornando àquela cena que sustentou, e ainda sustentava, a esperança dos marranos: a história do êxodo. Finalmente libertados da «intolerável opressão dos egípcios», não mais escravos, os judeus reconquistaram os seus direitos. Podiam decidir se os cederiam a um soberano, como outros povos haviam feito. Em vez disso, escolheram «não os transferir para nenhum mortal, mas somente a Deus». E sem hesitar, em uníssono, *uno clamore*, prometeram. Estabeleceram um pacto «livremente, não obrigados pela força», nem «aterrorizados por ameaças». Para que esse pacto fosse «válido, estável e sem suspeitas de fraude», Deus nada estipulou, a não ser depois deles terem experimentado a sua «prodigiosa potência». Assim, o Deus subversivo do êxodo fez o povo sair de punhos cerrados e braços erguidos: «vos levei sobre asas de águias, e vos trouxe a Mim» (*Êxodo*, 19:4). Foi porque acreditaram que podiam se salvar também no futuro que os judeus confiaram a Deus «todo o próprio direito». Surgiu daí uma teocracia, um governo exclusivo de Deus.

Mas durou apenas um instante. O tempo de ressaltar a promessa e, graças àquele pacto teológico-político, constituir-se como o povo. O governo de Deus dissipou-se naquele clamor. O povo, porém, continuou sendo livre – ao contrário dos súditos que haviam escolhido um monarca. O que sobrou então depois desse instante?

Uma nova forma política baseada na igualdade de todos: a democracia. Não o poder híbrido endossado pelos gregos, uma simples extensão quantitativa da monarquia, que escondia em suas margens a escravidão, justificada como sendo natural por Aristóteles. Nada disso. Desconhecida do mundo clássico, a democracia é introduzida pelo êxodo. A forma é a mesma: o direito transferido primeiro a Deus, na democracia é transferido à razão. Não se admite escravidão. Porque o legado dessa passagem exemplar é que ninguém pode ser servido por um seu igual. A democracia exige igualdade e dá lugar à comunidade, que poderá se estender a uma assembleia universal.

Manifesto pela libertação dos marranos, o *Tratado teológico-político* se encerra com um célebre apelo, um pedido sem o qual a democracia não teria futuro. Spinoza escreve que «nenhuma alma pode estar submetida ao direito de outras». Por isso, «um poder exercido sobre as almas deve ser considerado violento». Não se pode «prescrever aos outros o que devem aceitar como verdadeiro ou refutar como falso». Inútil querer controlar e submeter usando o medo. E pede liberdade: de pensar e de falar. Mas pede também o direito ao «segredo». Lembrando o drama vivido pelos marranos, intui que só o espaço inacessível do segredo pode confrontar o poder totalitário da propaganda que ameaça insidiosamente a democracia.

O laboratório político
da modernidade

Não pode ser por acaso que o marranismo tenha emergido com força tão impetuosa no alvorecer da modernidade. É como se os judeus expulsos em 1492, e os marranos fugidos depois, durante a grande dispersão, fossem, contra a sua vontade, expulsos da Idade Média e projetados em uma nova era.

O marrano se torna a matriz do judeu moderno em suas muitas facetas. A questão não é mais «o que devo fazer?», a pergunta que ao longo dos séculos acompanhou o judeu, evocada cotidianamente em relação à heteronomia dos preceitos. Em vez disso, observando-se no olhar escrutinador do outro, o marrano se pergunta «quem sou eu?». A consciência dilacerada do judeu moderno, aquela sua angustiada oscilação entre inserção e marginalidade, deriva da cisão marrana.

O marranismo se reitera. Isso nos leva a considerá-lo um fenômeno bem mais amplo e profundo do que em geral se crê. Não é possível ainda pensar que tenha sido apenas uma condição sofrida, resultado unicamente de violência e coerção. Como poderia permear as biografias pessoais, atravessar os anos e as décadas, até chegar à modernidade? Como poderia manifestar-se em uma identidade tão forte, como a judaica? Eis porque Shmuel Trigano falou de uma «síndrome marrana no judaísmo». Essa síndrome está na fratura da unidade existencial entre um fora e um dentro, que aflora em personagens bíblicos de exceção. Ester, antes de tudo. Mas depois também José. O segredo guarda um recôndito potencial messiânico, ao passo que a traição se transforma em salvação. O gesto se repete, até que a história dos marranos, em toda a sua gravidade, evidencie a propensão dos judeus ao marranismo que, imposto por meio da força, se revela, porém, também um ato de coragem capaz de, apesar do risco de ruína e extinção, assegurar a sobrevivência do povo judaico. Como explicar, senão com essa propensão, o perseverar dos marranos naquele seu inconfessável segredo, até o retorno? O marranismo está inscrito desde a origem no judaísmo. Dito de outra forma: a origem do judaísmo é marrana.

Vista dessa perspectiva, a emancipação dos judeus aparece como uma reiteração do marranismo, dessa vez, porém, não imposto com a violência, mas assumido racionalmente. Quem deve ser «emancipado» é o indivíduo, não o povo. Tornado cidadão, o judeu moderno é levado a deixar para trás história, tradição, pertencimento, e chamado a se fundir na abstração do Estado. A resposta é aquela contida na *Jerusalém* de Moses Mendelssohn: «seja judeu na vida privada e cidadão fora». Não é talvez uma profissão de fé marrana? Antecipando esse acordo, os marranos se submeteram a ser «cristãos-novos» em público e judeus na intimidade da casa. A diferença decisiva é que, tornados cidadãos, adquiriram o direito de ser judeus privadamente. Direito fundamental, claro, que deveria garantir liberdade e igualdade. Ao preço, porém, de reduzir a uma religião o judaísmo, separado do povo e privado de uma forma política. Será suficiente?

Os cidadãos de «confissão mosaica» serão ainda suspeitos de judaizar em segredo – a famosa «conspiração mundial judaica» – e de se perpetuar como um povo mundial, que transcende as nações.

E assim como os «cristãos-novos», a despeito do batismo, tinham continuado a ser discriminados com a acusação de terem «impuro sangue judaico», também os cidadãos europeus, assimilados de tal forma a ponto de não mais se sentirem sequer judeus, acabarão nas plataformas que levam aos campos de concentração. Também não é possível dizer que esse antissemitismo tenha diminuído com a democracia.

A eliminação dos judeus da monarquia espanhola, que se seguiu à *Reconquista*, já pode ser considerada o resultado imediato da razão do Estado. Claro, o súdito não é cidadão. Mas o moderno Estado-nação, que se forma inicialmente com a monarquia absoluta, exige integração nacional. A qualquer preço.

Tal cisão entre privado e público, que os marranos experimentam primeiro, representa algo mais: é o modelo de toda a modernidade política. Isso foi bem entendido por Marx que, justamente no seu escrito *A questão judaica*, aponta o dedo contra a condição do cidadão, dividido entre público e privado. Sob o aspecto político, deveria ser igual a todos os outros; mas, privadamente, na esfera do *oikos* e da economia, está condenado à desigualdade. Daí a reprovação, o juízo negativo expressado por Marx acerca da democracia liberal: a abstrata igualdade que oferece não passa de um anteparo enganoso que encobre a disparidade econômica.

Marx parece retomar aqui os paradoxos em que o marrano se debate. O que vem à tona é sobretudo a alienação. Se o marranismo é o paradigma que marcou a modernidade política, esta última, por sua vez, foi movida pela intenção de se libertar de todo o vestígio marrano, de superar a alienação para reencontrar enfim a unidade.

Mas é possível se desvencilhar do marranismo? E é preciso mesmo refutar toda e qualquer dissonância em vista de uma plenitude e uma realização? Isso não significa que a política deva ser o lugar de aparição integral do humano, ainda mais se entendida como aquela exterioridade comandada pelo Estado, que seria então o princípio único a ordenar e articular a humanidade. Os marranos opuseram-se a isso.

O marranismo no Terceiro Reich

Se o marrano é um paradigma que vai além das fronteiras ibéricas, é possível se deparar com fenômenos análogos em épocas posteriores? Seria, quem sabe, uma hipótese arriscada?

A resposta vem de Baer, um dos primeiros a remontar os fatos acontecidos com os judeus sefarditas. Em um pequeno e comovente livro publicado em Berlim durante o ano sombrio de 1936, intitulado significativamente *Galut*, exílio, Baer escreve: «os marranos daqueles tempos se assemelham, sob muitos aspectos, aos judeus da Europa ocidental de hoje». Seu grito é um alerta lançado um ano depois das leis de Nuremberg, quando toda a esperança desapareceu. A «questão judaica espanhola», adverte ainda Baer, «ensina ao observador moderno que os conflitos históricos se reproduzem de formas sempre novas». Também na Alemanha, a assimilação, por diversas vias, sem coerção ou ameaça de morte, produziu uma multidão de marranos. O que aconteceria com eles?

Naquela época, ninguém podia prever qual seria dentro de pouco tempo a solução final da «questão judaica». No entanto, o repentino e agudo interesse suscitado pelos marranos tem algo de perturbador. O Museu Judaico de Berlim havia montado em 1937 uma grande mostra dedicada a Abrabanel para rememorar, aos 500 anos do seu nascimento, aquela figura de pensador exemplar que havia lutado corajosamente contra o Santo Ofício, denunciando as violências da Inquisição. O debate havia se difundido pelas comunidades judaicas envolvendo muitos intelectuais, alguns já emigrados, de Abraham Heschel a Leo Strauss. Porém, com um livro sobre a expulsão dos judeus da Espanha, publicado em Amsterdã em 1934, foi Valeri Marcu, um judeu-holandês, quem ofereceu um retrato grandioso, quase épico de Abrabanel, fazendo dele o pioneiro da tolerância, que havia lutado a fim de evitar as leis especiais contra os judeus, baseadas na «pureza do sangue». Não surpreende que Abravanel logo tenha se tornado um símbolo. Do exílio francês,

Marcu enviou uma cópia do seu livro para Ernst Jünger, um dos escritores que mais se destacavam no Reich. Mas quem reagiu foi Carl Schmitt, o jurista que havia contribuído ativamente para as leis de Nuremberg. Em seu ensaio de 1942, *Terra e mar*, Abrabanel tornava-se um sanguinário cabalista. Como não proteger o «sangue» do povo alemão?

O interesse quase doentio pelo marranismo nasce então quando, já à beira do abismo, decretado pelas leis do sangue, os judeus europeus descobrem ser um novo tipo de marranos – e mesmo assim, apesar de tudo, marranos. Preveem com ansiedade crescente o seu fim, sem poder adivinhar seu horror, e voltam-se para trás a fim de reconsiderar o passado, percebendo aquelas correspondências, aqueles paralelismos que haviam sido negligenciados, que preferiram não ver.

Além das «afinidades fenomenológicas», como Yerushalmi as chamou, existe uma continuidade histórica. Basta citar as palavras de Fritz Heymann que, dois anos antes de ser deportado para Auschwitz, em uma conferência sobre os marranos realizada em 1940, escreve: «Alguns milhares de seus descendentes vivem aqui em Amsterdã. E, apesar de tudo, nós, hoje, herdeiros daqueles marranos, sabemos muito pouco sobre eles». A velocidade dos acontecimentos varre a poeira dos documentos arquivados e lança uma luz turva e funesta. O que aconteceu pode se repetir. Aos descendentes dos «novos judeus», fugidos da Inquisição, a história reserva um epílogo horrível.

Contudo, não se trata apenas de um esquema que, apesar das devidas diferenças, ressurge, voltando à distância de séculos. Claro, é desconcertante que – depois dos judeus serem obrigados a todo custo a se integrar à cristandade, a se fundir no corpo político da nação, uma vez assimilados, assemelhados até se tornarem indistinguíveis – ganhe fôlego uma nova discriminação fundamentada no sangue e consagrada por leis estatais. A política recorre à teologia, a teologia recorre à política. O nexo foi estabelecido. Os termos do esquema não mudam nem quando a assimilação se torna cada vez mais secular. Se o antissemitismo espanhol tem uma matriz religiosa, não devem ser subestimados os numerosos e impactantes casos de conversão que ocorrem no judaísmo alemão.

No círculo de Edmund Husserl, o fundador da fenomenologia, ele mesmo judeu convertido, optam pelo batismo Adolf Reinach e Max Scheler, Hedwig Conrad Martius e Edith Stein. A lista poderia prosseguir com o acréscimo de outros nomes, filósofos e principalmente filósofas, que além disso vão para o convento. O livro decisivo para Martius e Stein foi a *Autobiografia* de Teresa D'Ávila. Não poucas convertidas preferem o Carmelo. O que não irá salvá-las do extermínio. Como se explicam essas conversões sobre as quais tão pouco se pensou? O tema é candente e decisivo. Stein, que adotou o nome Teresa sem saber que se inspirava em uma marrana, após a clausura no convento das carmelitas – uma pequena gaiola dentro da grande gaiola que a Alemanha havia se tornado para os judeus –, acabou em Auschwitz, e, como escreveu Günther Anders, a sua última viagem, com o véu de irmã carmelita, foi «ainda mais dilacerante do que a dos outros, dos milhares de seres humanos com que se acenderam os fornos crematórios». Sob o véu permanecia o caráter forasteiro, opaco e dúbio, do qual – eis o modelo nazista – era lícito defender-se com uma aniquilação preventiva. Retornava assim a história de Ester, com o final mais trágico que se podia imaginar.

Contra-história dos vencidos
e revanche dos marranos

Os eventos que se sucedem no cenário mundial não seguem um percurso linear, gradual, progressivo. Ao contrário, a história é marcada por acelerações inesperadas, rupturas abissais. Tudo parece recomeçar. As catástrofes, dramáticas e desconcertantes, não abrem apenas voragens, fendas e fossos sem saída. O que também vale, diga-se de passagem, para a história do indivíduo. Algo é revolvido das profundezas e carrega consigo uma releitura do passado e do futuro. Nesse sentido, pode-se falar de um «retorno» que, em sua intensidade, não recapitula e não restaura, mas marca um ponto de inflexão.

O marranismo aflora a partir de uma dessas fraturas. Daí o caráter de catacumba que desde o início o distingue. E, como outros fenômenos que ocorreram nas catacumbas, também a saga dos marranos, complicada, tortuosa, enigmática, não encontrou lugar na história institucional. Apenas um ou outro expoente ilustre, privado da sua máscara marrana, pôde ter voz. Ainda sob vigilância, envoltos em silêncio, os marranos pertencem a uma contra-história dos vencidos, em grande parte ainda a ser escrita, em grande parte irrecuperável. Dessas vidas, das suas amargas vicissitudes, dos seus trágicos destinos, não restam muito mais do que os documentos conservados nos arquivos da Inquisição, escritos, se não com ódio, no mínimo com burocrática frieza pelos seus inimigos, que por isso os retratam com uma imagem parcial e deformada. As preciosas contribuições de estudiosos que, como Nathan Wachtel, adentraram aquele mundo subterrâneo, de prisões e de tormentos, não fornecem mais do que indícios descontínuos, segmentos de vida arrancados de imensas zonas de sombra. São somente peças esparsas de um mosaico que não está ali.

No entanto, os marranos tiveram a sua revanche. Não só porque não se declararam completamente vencidos, permanecendo fiéis ao seu segredo, mas porque, entre diversas façanhas, o marranismo se reiterou, mostrando uma inegável persistência. É nesse sentido que os marranos escapam dos arquivos, são anarquiváveis. O que nos obriga a ir além do quadro historiográfico, para olhar o fenômeno em sua atualidade.

Quantos marranos ainda existem, entre aqueles que sabem que o são, que sempre souberam, e aqueles, por outro lado, tão bem escondidos, que não o sabem, que aliás nunca sequer suspeitaram? E quem pode dizer que não é marrano?

«O marrano é um espectro que amo»

Figuras e temas judaicos aparecem no pensamento de Jacques Derrida desde os anos 1960. Basta recordar o ensaio «Elipse» e aquele sobre a poesia de Edmond Jabès, presentes na coletânea *A escritura e a diferença*.[4] Em ambos os casos, assina com um nome velado. «Reb Dérissa» em um caso, «Reb Rida» em outro. Não são nomes de rabinos imaginários. Tomados de Jabès, que os havia provocativamente inserido em seus versos, disfarçam e deformam o nome do filósofo. *Rida* corta literalmente o nome *Derrida*, circuncida-o, já fazendo alusão à

4   Tradução já realizada tendo em vista a bibliografia brasileira. Jacques Derrida, *A escritura e a diferença*. Tradução de Maria Beatriz Marques Nizza da Silva. São Paulo: Editora 34, 1995. O ensaio a que se refere a autora é *Edmond Jabès e a questão do livro*, e precede o já citado *Elipse*. [N. T.]

ferida do pertencimento judaico, um pacto selado por um corte.

Só muito mais tarde, porém, quando em 1991 é publicado *Circonfissão*, o tema do judaísmo irrompe assumindo tons autobiográficos. O que significa ser judeu? O que queria dizer ser judeu para Derrida?

Excluído-incluído, fora-dentro, na margem extrema, acossado pela «tormenta da identidade», Derrida não pode fazer mais do que testemunhar a impossibilidade de fazer coincidir si mesmo consigo próprio. A sua identidade judaica? Certamente não é integral. E é além do mais incompleta – como a de qualquer judeu. Pois o judaísmo coloca em questão o conceito de «identidade» e remete à falha de todo o pensamento identitário. Antes ele já havia escrito: «*Juif* – judeu será o outro nome dessa impossibilidade de ser si mesmo».

À desconstrução se alterna a narração. A paisagem é a costa do norte da África, onde no passado judeus espanhóis e portugueses encontraram asilo. Quando Derrida nasce em El Biar, em 1930, a Argélia é uma colônia francesa; convivem árabes, berberes, judeus sefarditas e «católicos», como são chamados os franceses. Para um judeu franco-magrebino, o que prevalece é o nem-nem da estranheza. Tanto é que a comunidade judaica parece esvaziada, vítima de uma amnésia. Os rituais cada vez mais esclerosados, transformados em sinais externos e ilegíveis, são ameaçados pela liturgia eclesiástica até serem transcritos na linguagem cristã. «Imitavam-se as igrejas [...]; chamava-se o *bar mitzvá* de 'comunhão', a circuncisão de 'batismo'». O alheamento e o desconhecimento não são mitigados pela intimidade de uma língua como o iídiche, segurança e recurso dos judeus orientais; os sefarditas argelinos não falam mais o judeu-espanhol, o ladino. A ruptura com a França é consumada quando, em 1940, são aplicadas as leis raciais. Derrida perde a cidadania. Expulso do colégio Ben Aknoun, segue as aulas na Alliance, a escola montada às pressas pelos professores judeus, onde, porém, se sente deslocado, isolado, distante, e desenvolve uma inapagável desconfiança em relação a qualquer comunidade.

É em tais circunstâncias que desponta o trauma do antissemitismo infligido pela palavra: *juif* – judeu. Um insulto novo, uma injúria que vem de fora, carregada de ameaças, «uma ferida, a negação de um direito, mais do que o direito de pertencer a um grupo legítimo», uma «incriminação originária», um tiro, um projétil, que se alojou no corpo com todas as suas letras «j. u. i. f.».

Fragmentos de recordações, confissões doloridas, relatos irônicos pontuam os textos e dão início a uma anamnese autobiográfica que desconstrói a identidade por meio de formulações ambivalentes, gestos paradoxais que expressam agradecimento e negam reconhecimento. Um judaísmo *via negationis* dá lugar à *judéité*, à judaicidade, de significado a um só tempo mais amplo e mais ambicioso. Derrida fica de fora lamentando nunca ter aprendido as letras quadradas: «me aproximo do fim sem jamais ter lido hebraico». Ficou aquele vazio, aquele «deserto interno». Reafirma o seu «não pertencimento à cultura judaica», um modo singular para anunciar a exclusão mesmo dentro de uma relação. Para expressar isso, encontra então uma fórmula ousada: «sou o último dos judeus». O que ele pode querer dizer com o último? O mais indigno, o menos confiável, o mais sacrílego, enfim, o pior; mas também o judeu depois do qual poderia não haver mais nenhum, que representa a morte do judaísmo, mas também a sua chance de sobreviver, já que carrega o peso da fidelidade última. Um marrano, portanto.

«Cada vez mais, brincando, mas seriamente, nesses últimos anos eu me apresentei como um marrano». Assim escreve Derrida em 2003. Mas já em *Circonfissão* havia declarado: «sou uma espécie de marrano de cultura católica francesa». Também aqui a identificação não é plena: *une sorte de marrane* é restritivo, permite destilar reservas, entrever dúvidas. Todavia, seria um erro acreditar que «marrano» seja uma metáfora, um simulacro. Derrida refere-se à história, à filiação, à sua busca autobiográfica. Inúmeros são os vestígios. A começar pelo nome da mãe, Sultana Esther Georgette Safar Derrida, escrito muitas vezes, em sequências diversas e com variações, entre as quais com uma ou outra alusão à «Santa Esther». Se «judeu» soa ainda aos seus ouvidos como um insulto que vem de fora, «marrano» evoca amor: «me apaixonei por essa palavra, que se tornou algo como uma obsessão». Devido ao seu poder evocatório, sua força de sedução, a palavra remete ao mundo judeu-espanhol da mãe, aquele resplendor andaluz aniquilado pela Inquisição. Não é mania genealógica, mas necessidade de memória histórica, fidelidade a um segredo que, como quer o marranismo mais antigo, transmite-se pela via feminina. E Derrida reevoca a cena, atávica e sugestiva, em que, às sextas-feiras à noite, depois de ter tomado todas as providências e se arrumado para aquele momento de suspensão, a mãe acendia as luzes do *Shabat*.

Assim como para os «novos judeus» de Amsterdã, também para Derrida o marranismo é especular, tem reflexos inevitáveis, exacerba e revela o desajuste do judeu, que se revela estranheza dupla no marrano, dissociado de si, incompleto, sempre em desconstrução. Entende-se por que essa figura autobiográfica acaba se tornando a chave secreta da sua filosofia. Marrano é o único modo de ser judeu. Por isso, Derrida admite: «sou daqueles marranos que não se dizem judeus nem mesmo na intimidade do coração, não para serem marranos autenticados por uma parte ou por outra da fronteira pública, mas porque duvidam de tudo, não se confessam nunca, nem renunciam às luzes, qualquer que seja o custo, prontos para se fazerem queimar». O que resta então do marrano, e do judeu? Resta a fidelidade ao segredo que não escolheu. «É por isso que me digo marrano: não pelas peregrinações de um judeu errante, não pelos exílios sucessivos, mas pela busca clandestina de um segredo maior e mais antigo do que eu».

O segredo da memória – a memória do segredo

Na tradição judaica, a memória é uma obrigação: *zakhòr*! A ordem é obsessivamente repetida na Torá, anima os versículos, sustenta o texto. Quase para conter desesperadamente a inelutável deriva do esquecimento. A memória se realiza na narração do passado. Assim o povo judaico – segundo Yerushalmi – introduz o conceito de «história» destinado a se tornar patrimônio universal.

A memória é exercida na narração e no rito. As grandes festas tornam-se a comemoração de eventos irrepetíveis, como o êxodo do Egito ou a temporada no deserto. E se inserem no ritmo semanal do calendário para subtraí-lo ao caráter cíclico natural e gravá-lo na história. A memória não é contingente, mas é o eixo em torno do qual a comunidade gira.

É necessário, então, fazer uma distinção entre lembrança e memória, que muitas vezes se confundem. A lembrança é instintiva e irrefletida, entregue à espontaneidade do indivíduo; poderia então desaparecer sem deixar vestígio. A memória é confiada à comunidade, que se constitui observando-a no presente. Traz-se à memória observando, observa-se trazendo à memória. O imperativo *shamór*!, 'observa', é de fato subsequente, voltado para quem, não tendo vivido os acontecimentos, e não podendo ter lembrança deles, tem todavia a responsabilidade de manter a memória observando-a. Praticar a memória quer dizer reevocar o passado no presente, com vistas ao futuro. A narrativa, que mantém na palavra a memória do acontecimento passado, abre a possibilidade de comemorar, de fazer parte da memória, de participar da comunidade. A narrativa já é um resgate, a história já é uma reparação.

Talvez ninguém melhor do que Benjamin tenha captado a distinção entre memória e lembrança. No lugar do hebraico *zèkher*, aparece no seu alemão *Eingedenken*, pensar em um (*Ein-*), rememorar com os vencidos, na conspiração de uma palavra que lhes é restituída. Está em tal restituição o «encontro secreto» entre gerações. A força libertadora da memória não atravessa somente o futuro, mas também o passado.

Só pelo fato de já ser confiada à palavra, que lhes é comum e os une, a memória não se reduz a conservar na lembrança os acontecimentos do passado, enrijecidos. Mais do que isso, significa rearticulá-los, como a todo momento se rearticula a palavra. E então atualizá-los. O que é indispensável em uma leitura política que denuncia a inquietante emergência do agora. Ler no fundo do presente aquele passado, que corre o risco de ser apagado e removido, significa resgatá-lo e elevá-lo a um lugar digno na história.

Contudo, o esquecimento não é o único perigo que ameaça o passado. Há uma transmissão, a «história dos vencedores», que pode ser ainda mais «catastrófica», porque cobre o passado de uma memória cumulativa, esconde-o na continuidade de uma leitura que se passa por verdadeira, que quer se impor como mitologia dos vencedores, para apagar qualquer vestígio dos vencidos. Essa é a lembrança da má consciência, que quer apenas esquecer. A memória deve combater o esquecimento não para fins de memória – o que levaria à sua reificação –, mas para fins de justiça. Eis por que a história não é um processo irreversível: a luta está aberta e o resultado é incerto.

Mas a narrativa dos vencidos não corre o risco de cair na tentação da apologia, tornando-se, por sua vez, uma epopeia vitoriosa? Não, responde Benjamin. A história das vítimas é radicalmente outra em relação à dos vencedores. Não é linear. Ao contrário, é marcada por rupturas, falhas, intermitências. Mantém uma relação diferente com o passado – e, portanto, também com o futuro. Porque apenas a memória dos vencidos se dedica a não esquecer nada, nem o reino dos algozes, de que é vítima, nem a tradição das vítimas, que tem a incumbência de contar. Ela assume a responsabilidade por aquilo que ainda está ilegível; requer ser sempre contada e recontada, para não se precipitar no abismo. Carrega o peso do inesquecível.

Porém, como transmitir a memória se os ritos não são permitidos, se são proibidos os textos que narram os acontecimentos a serem reevocados? A memória, interditada, esvanece. Tudo cai aos poucos no esquecimento. Até mesmo as palavras parecem ilegíveis. O saber se apaga. Torna-se assim impossível celebrar as datas festivas, que não podem mais ser chamadas de comemoração. Quem conseguiria recitar toda a *haggadah* de *Pêssach*, a história da libertação do Egito? Se a narrativa bíblica consegue ajudar de vez em quando, para o restante apenas uns poucos fragmentos podem ser extraídos da obscuridade e do silêncio. Até as datas oscilam e, alteradas, acabam caindo na incerteza. Essa é a dificuldade em que os marranos se encontram.

O segredo da memória, que rege e sustenta a história judaica, torna-se vão a partir do momento em que, não praticada, a memória vai se esvaziando. Não se transmitem nem ritos, nem palavras, nem gestos, nem obrigações. Não há quase mais nada a ser memorado, a não ser o próprio imperativo da memória. Além disso, o marrano trai a tradição para fazê-la sobreviver, comete perjúrio em nome da verdade, é infiel por fidelidade. Eis por que a memória assume uma relevância extraordinária: é o único vínculo para aqueles segregados, o único elo de uma tradição que de outra forma poderia acabar. O segredo da memória torna-se a memória do segredo.

Na noite da clandestinidade, sem qualquer testemunha histórica, os marranos testemunham o segredo em uma exacerbada anacronia, uma desesperançada resistência ao tempo do calendário dominante, lutando na expectativa de uma contra-história que, a partir daquele segredo, poderia ser recuperada. Se tivessem protegido o segredo na memória, teriam sido quem sabe protegidos pelo segredo.

Mas o que quer dizer segredo? E de que modo é possível recordá-lo, ou, melhor dizendo, compartilhá-lo? Inviolável, inacessível, refratário à luz, heterogêneo na palavra, estranho em sua aparência, o segredo faz alusão a uma resistência irreversível. Envolto em uma aura esotérica, corre o risco, porém, dentro de uma visão trivial, senão mal-intencionada, de ser tomado por um saber oculto. Como se os marranos fossem uma sociedade secreta e não uma comunidade do segredo.

Quem sabe, aliás, o segredo não tenha sequer conteúdo, tampouco um sentido recôndito. Não o tem para o marrano que, não obstante tenha sido separado dele, e seja por isso segregado, apartado, não sabe nada a respeito. Sabe somente que deve mantê-lo de acordo com uma relação única que o incumbe, obriga-o de modo exclusivo. Como se, do antigo pacto, não restasse nada além desse vínculo. Só o imperativo do segredo ainda firma a aliança que, sem essa resposta unívoca, sem esse testemunho extremo, poderia se extinguir para sempre. Por isso os marranos se consideram, no limite de um epílogo iminente, os últimos judeus. Na imensa responsabilidade de cada um, as centelhas finais do judaísmo. Eis por que tal segredo, defendido pelo mais intransigente silêncio, sobreviveu a todos os arquivamentos e não é arquivável.

Pelos becos do antigo bairro judeu de Palermo, em um pátio interno da *judería* de Toledo, ao lado da sombra inquietante da violência, permanece a memória de um segredo inviolado.

A intimidade é o espaço reservado ao segredo. Mas, como o castelo interior, assim também esse espaço não é uma fortaleza inteiriça. Ao contrário, é marcado por uma fenda, atravessado por uma alteridade irredutível. No foro íntimo de si mesmo reside uma testemunha, estranha e ao mesmo tempo familiar, que o separa, que o protege. O eu escrutina esse interior, onde ninguém pode espiar. É nesse espaço que o eu se constitui, descobrindo a possibilidade de partilhar consigo um segredo. O marrano sabe disso, ele o experienciou: para que haja um segredo é indispensável a não coincidência de si consigo mesmo, a dualidade, a divisão. Mais do que habitar a cripta, o marrano é habitado pela cripta. O espaço íntimo é escavado pelo secreto pacto com o outro. Pode então compartilhá--lo, porque está segregado pelo segredo, dividido interiormente.

No entanto, cúmplices no silêncio, os marranos não compartilham nada além do vazio da cripta, unidos por algo inefável como o Nome de Deus. Escondidos, exilados, dispersos, numa constelação de desastres, separados por uma dupla estranheza, resistem ligados pela memória do seu segredo, de que não possuem mais a chave, inacessível e por fim desconhecido, um *segredo do segredo*, que não hesitam em testemunhar.

Para saber mais

Sobre os marranos não faltam reconstruções históricas, apesar da dificuldade documental. O trabalho de arquivo, porém, não foi acompanhado por uma aprofundada reflexão filosófica, política e teológica. Além dos dois volumes de Yitzhak Baer, *Die Juden im christlichen Spanien. Urkunden und Regesten*, 2 vols., Akademie für die Wissenschaft des Judentums, Berlim, 1929-36, um clássico – embora com muitas limitações – permanece sendo Cecil Roth, *Storia dei marrani*, pref. de M. Morselli, Marietti, Gênova-Milão, 2003. A coletânea de conferências proferidas por Fritz Heymann, *Morte o battesimo. Una storia di marrani*, editada por J. H. Schoeps, Giuntina, Florença, 2007, deve ser tomada como um testemunho. Outro clássico é o ensaio de Américo

Castro, *La Spagna nella sua realtà storica*, Sansoni, Milão, 1970. Datadas, mas relevantes, são as contribuições de Israël Saved Révah, agora reunidas em um volume, *Des marranes à Spinoza*, editado por H. Méchoulan, P.-F. Moreau e C. L. Wilke, Vrin, Paris, 1995. Importantes são os trabalhos de Yosef Hayim Yerushalmi, em grande parte agora reunidos em *Sefardica. Essais sur l'histoire des Juifs, des maranes & des nouveaux-chrétiens d'origine hispano-portugaise*, pref. de Y. Kaplan, Chandeigne, Paris, 2016; dele está disponível em italiano *Assimilazione e antisemitismo razziale: i modelli iberico e tedesco*, intr. de D. Bidussa, trad. de R. Volponi, Giuntina, Florença, 2010. Do mesmo autor também deve ser mencionado *Dalla corte al ghetto. La vita, le opere, le peregrinazioni del marrano Cardoso nell'Europa del Seicento*, apres. de M. Luzzatti e M. Olivari, Garzanti, Milão, 1991. Léon Poliakov dedicou uma parte de sua pesquisa aos marranos, *Storia dell'antisemitismo, II. Da Maometto ai marrani*, intr. de A. Vanoli, Sansoni, Milão, 2004. Sobre a religião dos marranos, fundamental é David M. Gitlitz, *Secrecy and Deceit. The Religion of the Crypto-Jews*, University of New Mexico Press, Albuquerque, 2002. Ponto de referência é também Nathan Wachtel, com *La fede del ricordo. Ritratti e itinerari di marrani in America (XVI-XX secolo)*,

Einaudi, Turim, 2003; Id., *La logica dei roghi*, Utet, Turim, 2010; Id., *Entre Moïse et Jésus. Études marranes (XV-XXI siècle)*, CNRS Éditions, Paris, 2013.

Um interesse pelos marranos que «retornam» surgiu nos últimos anos com cada vez mais frequência. Além dos estudos de Wachtel para o Brasil, quem reconstrói esse retorno aos criptojudeus norte-americanos é Janet Liebman Jacobs, *Hidden Heritage. The Legacy of the Crypto-Jews*, University of California Press, Berkeley, 2002. Por outro lado, falta uma pesquisa abrangente não sobre o passado, mas sobre o marranismo atual na Itália, onde, especialmente no Sul, o fenômeno apresenta uma efervescência incomparável. A redescoberta dos marranismos contemporâneos é o tema inclusive da coletânea editada por Jacques Ehrenfreund e Jean-Philippe Schreiber, *Les marranismes. De la religiosité cachée à la société ouverte*, Demopolis, Paris, 2014.

Pioneiro na história da cultura foi o livro de José Faur, *In the Shadow of History. Jews and Conversos at the Dawn of Modernity*, State University of New York Press, Albany, 1992. Na sua trilha caminhou Yirmiyahu Yovel, *The Other Within. The Marranos. Split Identity and Emerging Modernity*, Princeton University Press, Princeton-Oxford, 2009.

Uma reflexão especial é a de Gianluca Solla, *Marrani. Il debito segreto*, Marietti, Gênova-Milão, 2008. Também vale a pena mencionar o volume editado por Shmuel Trigano, *Le Juif caché. Marranisme et modernité*, no número 29 da revista «Pardes», 2000.

Uma questão muito controversa é se, como pretendem alguns historiadores, o fenômeno do marranismo deve para sempre ser arquivado no passado, ou se não devemos falar de uma condição marrana que ultrapassa os limites de uma definição histórica – ainda mais diante do ressurgimento do fenômeno. A questão foi arquivada pelo historiador Claude B. Stuczynski, que entre outras coisas escreveu o vocábulo '*Marranesimo*' no *Dizionario storico dell'Inquisizione*, 4 vols., org. por A. Prosperi, Scuola Normale Superiore, Pisa, 2010, vol. III, pp. 989-96. Do lado oposto situam-se, por exemplo, Jacques Revel, *Une condition marrane?*, in «Annales HSS», 2002, pp. 335-45, e Jacques Derrida, cujos pensamentos estão um tanto espalhados em vários ensaios, mas de quem se pode ler a reflexão quase autobiográfica no volume Geoffrey Bennington e Jacques Derrida, *Derridabase. Circonfession*, org. E. Ferrario, Lithos, Roma, 2008. Arriscada, no entanto, é a tendência de fazer do marrano uma metáfora, fora do contexto histórico, como tem acontecido aqui e ali em alguns ensaios, sobretudo de literatura comparada.

São numerosas as pesquisas históricas especializadas recentes. Por exemplo, a coletânea com curadoria de Pier Cesare Ioly Zorattini, *L'identità dissimulata. Giudaizzanti iberici nell'Europa cristiana dell'età moderna*, Olschki, Florença, 2002; Miriam Bodian, *Hebrews of the Portuguese Nation. Conversos and Community in Early Modern Amsterdam*, Indiana University Press, Bloomington, 2000; Natalia Muchnik, *De paroles et de gestes. Constructions marranes en terre d'Inquisition*, EHESS, Paris, 2014.

Contudo, é impossível enquadrar, mesmo que de forma aproximada, os estudos dedicados aos pensadores de Amsterdã, bem como aos ensaios sobre a origem marrana de escritores, filósofos, intelectuais: de Cervantes a Pessoa, de Montaigne a Proust.

Nota do tradutor

Algumas obras dos autores citados acima, em edição brasileira:

BENNINGTON, Geoffrey e DERRIDA, Jacques. *Jacques Derrida*. Trad. A. Skinner. Rio de Janeiro: Jorge Zahar, 1996 [onde se encontra o ensaio *Circonfissão*, citado ao longo deste livro].

POLIAKOV, Leon. *De cristo aos judeus da corte* [história do antissemitismo, vol. I]. Trad. Jair Korn e J. Guinsburg. São Paulo: Perspectiva, 2007.

_____. *De Maomé aos Marranos* [história do antissemitismo, vol. II]. Trad. Ana M. Goldberger e J. Guinsburg. São Paulo: Perspectiva, 1996.

_____. *De Voltaire a Wagner* [história do antissemitismo, vol. III]. Trad. Ana M. Goldberger Coelho. São Paulo: Perspectiva, 1996.

_____. *A Europa suicida (1870-1933)* [história do antissemitismo, vol. IV]. Trad. Hilde Teixeira, J. Guinsburg e Geraldo Gerson de Souza. São Paulo: Perspectiva, 2007.

ROTH, Cecil. *Pequena história do povo judeu*, com apêndice sobre a história dos judeus no Brasil por Salomão

Serebrenik. São Paulo: Fundação Fritz Pinkuss, Congregação Israelita Paulista, 3 vols, 1962-64.

WACHTEL, Nathan. *A Fé na Lembrança*: *labirintos marranos*. Trad. Mary Amazonas Leite de Barros. São Paulo: Edusp, 2009.

YERUSHALMI, Yosef Hayim et al. *Usos do esquecimento*: conferências Proferidas no Colóquio de Royaumont. Trad. Eduardo Alves Rodrigues e Renata Chrystina Bianchi de Barros. Campinas: Editora da Unicamp, 2017.

_____. *O Moisés de Freud*: *judaísmo terminável e interminável*. Trad. Júlio C. Guimarães. Rio de Janeiro: Imago, 1998.

_____. *Zakhor*: *história judaica e memória judaica*. Trad. Lina G. Ferreira. Rio de Janeiro: Imago, 1997.

Todas as referências bíblicas em português foram retiradas de biblionline.com.br.

PRE TEXTOS

1 Massimo Cacciari
Duplo retrato
2 Massimo Cacciari
Três ícones
3 Giorgio Agamben
A Igreja e o Reino
4 Arnold I. Davidson, Emmanuel Lévinas, Robert Musil
Reflexões sobre o nacional-socialismo
5 Massimo Cacciari
O poder que freia
6 Arnold I. Davidson
O surgimento da sexualidade
7 Massimo Cacciari
Labirinto filosófico
8 Giorgio Agamben
Studiolo
9 Vinícius Nicastro Honesko
Ensaios sobre o sensível
10 Laura Erber
O artista improdutivo
11 Giorgio Agamben
Quando a casa queima
12 Giovanni Pico della Mirandola
Discurso sobre a dignidade do homem
13 João Pereira Coutinho
Edmund Burke – A virtude da consistência
14 Donatella Di Cesare
Marranos – O outro do outro

Composto em Noe Text
Impresso pela gráfica Formato
Belo Horizonte, 2021